やりたいことがどんどん叶う!

じぶん時間割の作り方

著 川瀬はる　監修 吉武麻子

プロローグ 時間がない!

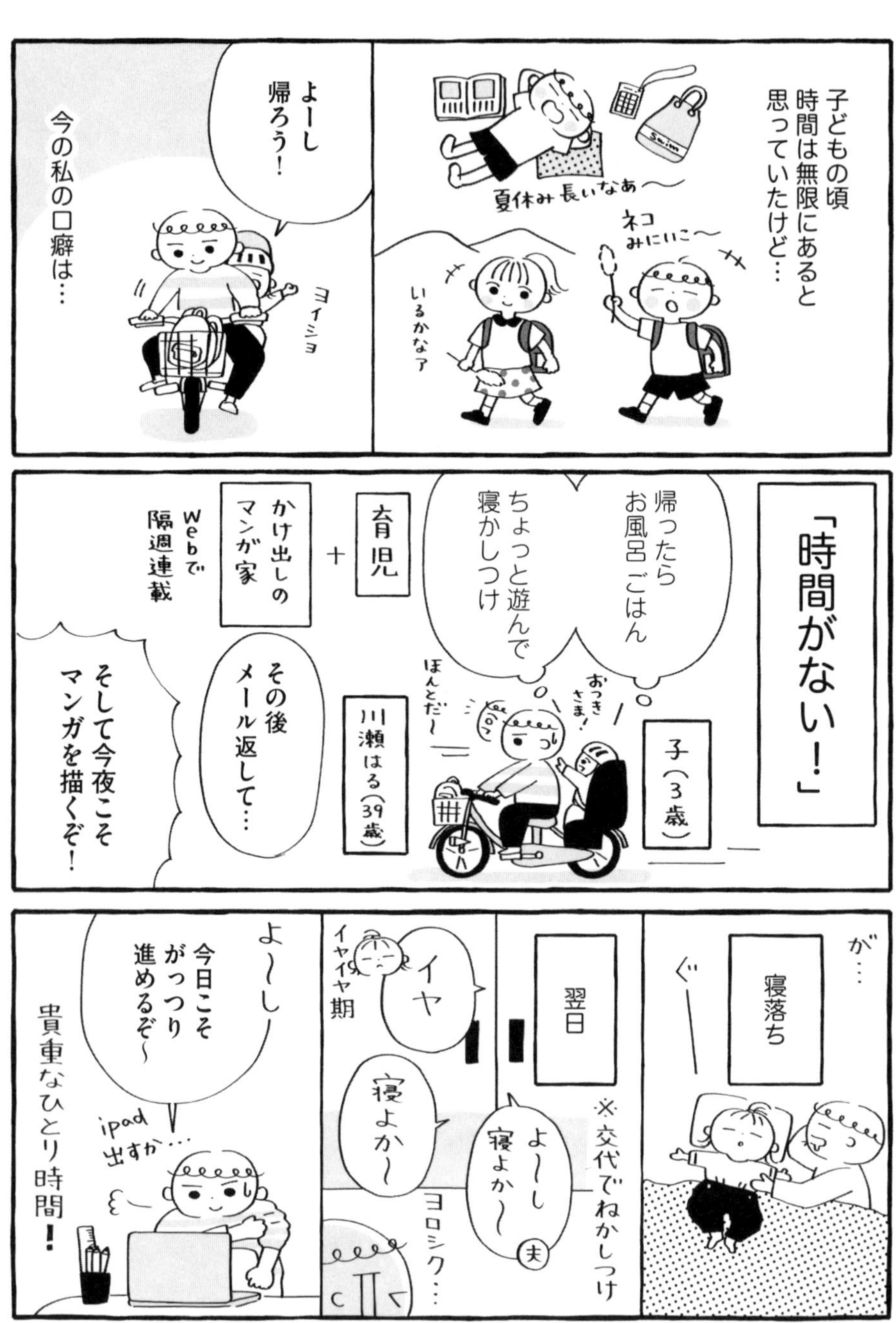

子どもの頃
時間は無限にあると
思っていたけど…
夏休み長いなあ〜
ネコ
みにいこ〜
いるかなァ
よーし
帰ろう!
今の私の口癖は…
ヨイショ
「時間がない!」
帰ったら
お風呂 ごはん
ちょっと遊んで
寝かしつけ
子(3歳)
おつきさま!
ほんとだ〜
川瀬はる(39歳)
育児
+
かけ出しの
マンガ家
Webで
隔週連載
その後
メール返して…
そして今夜こそ
マンガを描くぞ!
が…
寝落ち
ぐー
翌日
※交代でねかしつけ
よ〜し
寝よか〜
夫
イヤ
イヤイヤ期
寝よか〜
ヨロシク…
よ〜し
今日こそ
がっつり
進めるぞ〜
ipad
出すか…
貴重なひとり時間!

無意識にSNSをひらく
ハッ
ちがうちがう！
おすすめ
フォロー中
ポスト
えーと
……
えーと…
ダメだ…
日中のあれこれで
頭が疲れて
何も考えられない…
最近ずっとこんな感じ…
イライラ

やりたいことはいっぱいあるのに時間が足りない
あっても疲れて集中できない
かといって寝る勇気もない
(この時間しか融通がきかないし)
仕事・子育て夢・体調管理
全部全部大切なのにひとつも大切にできていない気がする
MEMO
く
ハッ
今日もまた無駄にした…

ああ〜〜〜〜〜!!
ウオオオオ
時間がほしいよ〜〜！
ついでに体力も〜
わかりますよ…

だ…
誰⁉
時間がないと心の余裕もなくなりますよね〜〜
私タイムコーディネーターの吉武麻子と申します！
手帳もつくってます！
タ…タイムコーディネエタァ…？
大丈夫！時間は〝つくる〟ことができますよ！
そんなの…どうせアレですよね⁉
時短アイテム増やすとかボーッとしてる時間を減らしてキビキビ動くとか
ムリムリムリムリ〜
落ち着いて下さ〜い
まずはそういった時間に対する発想から変えていくんです！
1日は48時間あるとか？
じ…
きっぱり
残念ながら1日は24時間です
じゃあやっぱり…全然足りないです…
ムリです
どよ〜ん
わー！
でもでもこの24時間は誰にも平等に与えられているんです！

たしかに…

なのでこの限られた
24時間という
貴重な財産を
どのように使うかで
人生が変わってきます！

実際1日が48時間に
なったところで
増えた時間の使い道を
パッと言えますか？

具体的に！

なんだろう…

…そう言われると
出てこないですね…

アレ…

そこなんです！

時間がないのではなく
時間はあるのに

ガーン

もったいない
時間の使い方をしてるんです！

時間を最大限に
活かせれば
使える時間が
3倍に増えることも
あるんですよ！

!?

す…すごく
気になります！
教えてもらえますか

もちろんです！

というわけで
この本は
「時間がない」が
口癖だった私が
1日の時間割を作るように
時間をコーディネート
する方法を学び
自分らしい生活を
見つけるまでのお話です

ファイト〜！

ピッ

ピッ

Contents

3
2
1

登場人物

川瀬はる

本作の著者。マンガ家。夫と子どもの3人暮らし。子育てにも奮闘しつつ、日々マンガを描くための時間捻出に苦労している。母親業とマンガ家との両立に悩むことも…。

吉武麻子

本作の指南役。2児の母。自身もキャリアと子育ての狭間で時間の使い方に苦労したことから、疲弊せず、毎日を楽しみながら仕事のパフォーマンスを上げていくオリジナルのタイムコーディネート術を提唱。

第1話 自分だけの時間割をつくろう

この
時間に追われる生活を
変えられたら
ほんとに
嬉しいんですけど
はい
正直
ぎゅ
そもそも疲れすぎていて
生活を変える勇気が
湧かないんですよ〜〜〜
ううう…
アラフォー育児中
フリーランスの現状
家族の予定
育児
体調不良
仕事
積み重なった寝不足
1コでも
踏んだらおわり…
持病の悪化
子の発熱
うう…
そうなんですよねー
毎日へとへとで
全然余裕がないし
毎回寝落ち
zzz
気力も体力も
常に限界で
起きても
疲れがとれてない…
チュン
チュン
腰も
痛い…

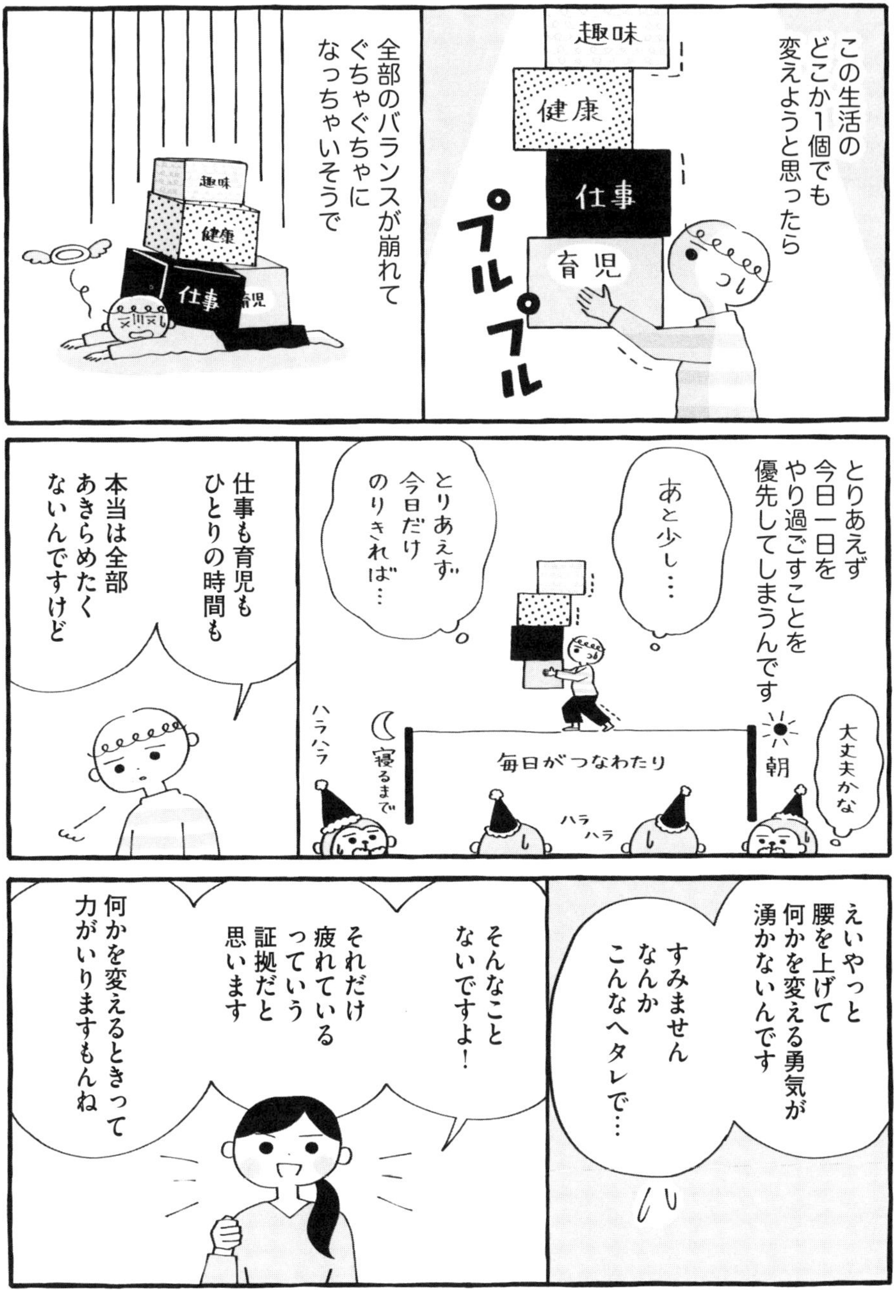

この生活のどこか1個でも変えようと思ったら

趣味

健康

仕事

育児

プルプル

全部のバランスが崩れてぐちゃぐちゃになっちゃいそうで

趣味

健康

仕事

育児

とりあえず今日一日をやり過ごすことを優先してしまうんです

あと少し…

とりあえず今日だけのりきれば…

大丈夫かな

朝

毎日がつなわたり

寝るまで

ハラハラ

ハラハラ

仕事も育児もひとりの時間も

本当はあきらめたくないんですけど

えいやっと腰を上げて何かを変える勇気が湧かないんです

すみませんなんかこんなヘタレで…

そんなことないですよ！

それだけ疲れているっていう証拠だと思います

何かを変えるときって力がいりますもんね

例えばですが
こんなふうに自分に聞いてみるとどうでしょうか
「今日は我慢できる」「明日も我慢できる」
だけどこの先もずっとその煩わしさを我慢して生きていっていいの？
ガマン
ガマン
ガマン
ガマン
いや…です
こんなことできるならもう辞めたいです
ガマン
ガマン
ガマン
ガマン
ガマン
じゃあもうひとつ
子どもにそういう疲れきってる親の背中を見せ続けていくことは自分の中で平気？
いやそんなの見せたくない
さらには子どもが同じような人生を送るとしたらどう思いますか？
ガマン
ガマン
ガマン
そ そんなの…
ぜったい
いやだ〜！

子どもについての言葉が一番響きました…
うう…こんなに苦しい人生…
「子どものため」の我慢は要注意なんですよね
とくに「お母さん」になるとついつい自分を抑えて我慢して現状を維持してしまいがちなんです
私も２人育ててるのでわかりますよ～
本当は家族も自分も犠牲にしたくないですよね
はい…
想像してみた
このまま何かのせいにして生きていく私の姿を
子どもに見せ続けること
もらえないから
仕事が立て込んでいるから
時間がないから
お母さんだから
その人生にだってきっと意味も学びもあると思うけど
今の私は

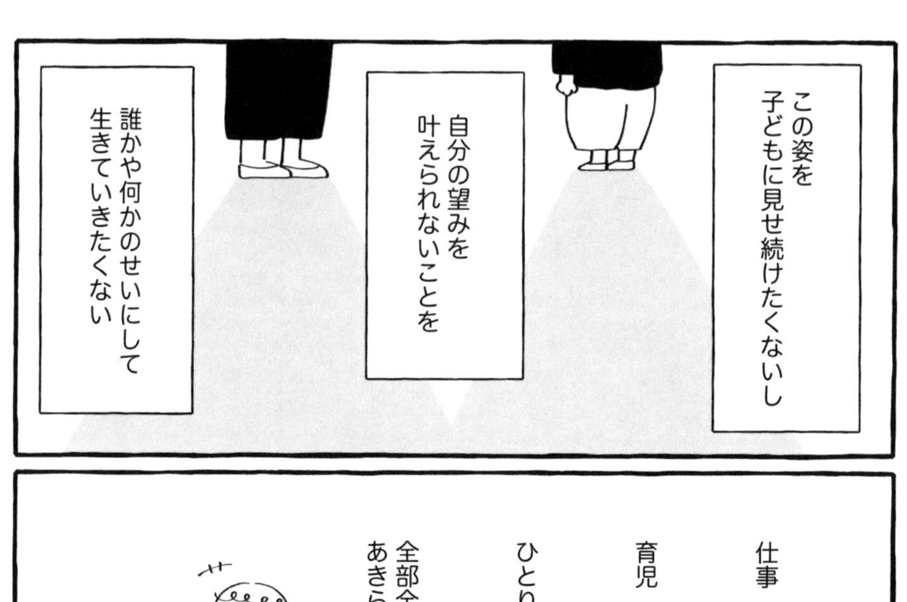
この姿を
子どもに見せ続けたくないし
自分の望みを
叶えられないことを
誰かや何かのせいにして
生きていきたくない

仕事
育児
ひとりの時間
全部全部
あきらめたくない
そう
だからもう
ひとりで
我慢するのは
やめて…
って…
あれ…？
もやあ…

ということは

もう「言い訳にできなくなる」ってこと？

それってちょっと怖くもある

だって私…

ぎゅ…

今までいろんなできないことの大半を「時間がない」せいにしてきたから

言い訳があることで

仕事ももっとがんばりたいし

ランニングも再開したいけど…

時間ないし

本当は頑張りたいことを「できなくても仕方がない」状態に保っていたんだもん

もしかして時間の使い方と向き合うってことは

どう生きたいかを自分に問うていくってことなんですかね

ブルッ

武者震い

ふふ
そうなんです

時間の使い方を考える
ということは
まさに
「どう生きたいか」を
考えるということ
なんですよね
時間の使い方
＝
生き方
やっぱり〜!!

タイムコーディネートは
自分の人生のデザイン
つまりは
時間のデザインを
していきましょうっていう
話なんです
あくまでも
「自分の心地よさ」を
真ん中において
自分の心地よさ
人生のデザイン＝時間のデザイン

そう!
いかに時短をして
時間を効率的に
管理するか
ではなく
人生を
楽しく幸せに
自分らしく
生きるために
時間の使い方を
コーディネートし
いわば自分だけの
時間割を作るんです

そう 例えば
誰かが素敵な服を
着ていたとして

すてき〜！

その服が
どんなに素晴らしい
ものだったとしても

同じものを
自分が着て
心地よいと感じるかは
また別の問題ですよね

？

うーーん…

そうですね
体のサイズや
好みの質感が
それぞれ違いますし…

いざ着てみても
しっくりこなかったり
苦しかったりして

うん
うん

時間にも
同じことが
言えるんですよ

…！

そうか…

時間の使い方に
悩むたびに
すごい人の
時間術を調べては
こんなこと
自分にはできないって
落ち込んでいたけど

バリキャリ
3児子育て中の
インフルエンサーのSNS

スーパーワーママの
1日に密着!!
睡眠は5時間!

時間を節約!
時短術

誰かの時間術を
そのまま真似ようと
しても
それが「私」に
フィットするものとは
限らないんだ…

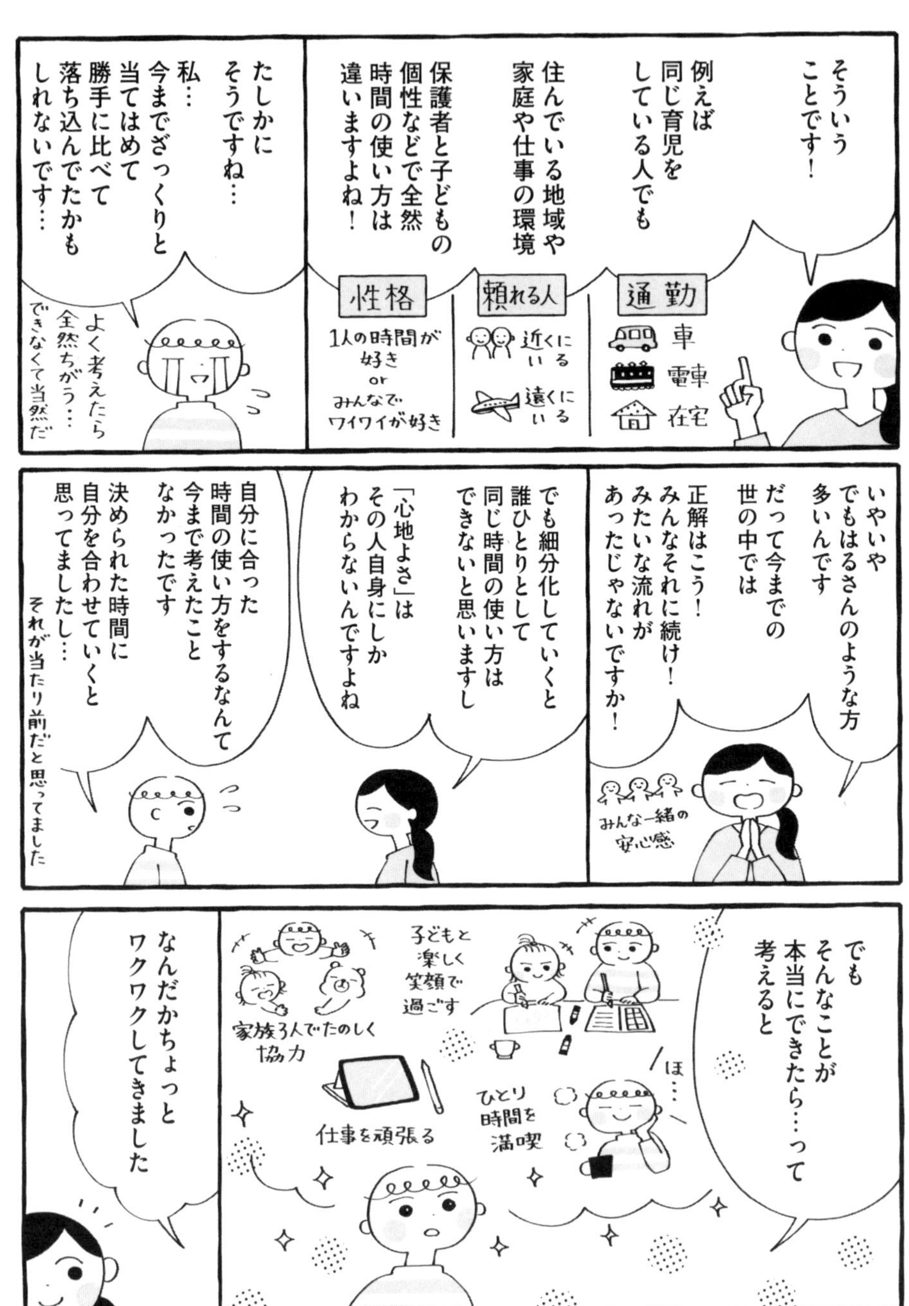
そういうことです！
例えば同じ育児をしている人でも
住んでいる地域や家庭や仕事の環境
保護者と子どもの個性などで全然時間の使い方は違いますよね！
通勤
車
電車
在宅
頼れる人
近くにいる
遠くにいる
性格
1人の時間が好き or みんなでワイワイが好き
たしかにそうですね…
私…今までざっくりと当てはめて勝手に比べて落ち込んでたかもしれないです…
よく考えたら全然ちがう…できなくて当然だ
いやいやでもはるさんのような方多いんです
だって今までの世の中では
正解はこう！みんなそれに続け！みたいな流れがあったじゃないですか！
みんな一緒の安心感
でも細分化していくと誰ひとりとして同じ時間の使い方はできないと思いますし
「心地よさ」はその人自身にしかわからないんですよね
自分に合った時間の使い方をするなんて今まで考えたことなかったです
決められた時間に自分を合わせていくと思ってましたし…
それが当たり前だと思ってました
でもそんなことが本当にできたら…って考えると
子どもと楽しく笑顔で過ごす
家族3人でたのしく協力
仕事を頑張る
ひとり時間を満喫
ほ…
なんだかちょっとワクワクしてきました

そう！
タイムコーディネートって
ワクワクするんですよ
その気持ちが
とっても大切です！
はるさんの時間は
はるさんが自由に
作っていいんです！
お話聞いてたら私も
ワクワクしてきました
あはは
ただ…
なんだかもう
今日からさっそく
始めたいくらいの
気持ちになってはきてるんですが
実は私
めっちゃズボラで
面倒くさがりで…
手帳も
毎年買うんですけど
続いたことが
ほとんどないですし
ダイエットも…
片付けも…
何度挫折したか
わからないくらいで
ものとしては大好き
そんな人間でも
できるんでしょうか…？
ニコ
大丈夫！
タイムコーディネートは
いつでも 誰でも
取り組めますよ
お金も場所も
必要ないし
途中で止まってしまっても
何度でもやり直せます

せっかくなら
前向きに楽しく
取り組んで
はるさんだけの
心地よい時間の使い方を
探していきましょう！
ポ
ポ
ポ
ニ
コ
ッ
やっぱりまだ
不安もあるけど…
はい！
吉武さんのような
前向きな生き方が
できたらいいなあと
思ったのでした

１話のまとめ

① 時間の使い方を考えることは
どう生きたいか考えること

② 他人（ひと）の時間術を真似ても
自分にフィットするとは限らない

③ 自分の**生活**や**個性**に合わせた
時間の使い方を選ぶ

自分だけにフィットする
時間の使い方が
きっとある！

第2話 まずは睡眠時間の確保から

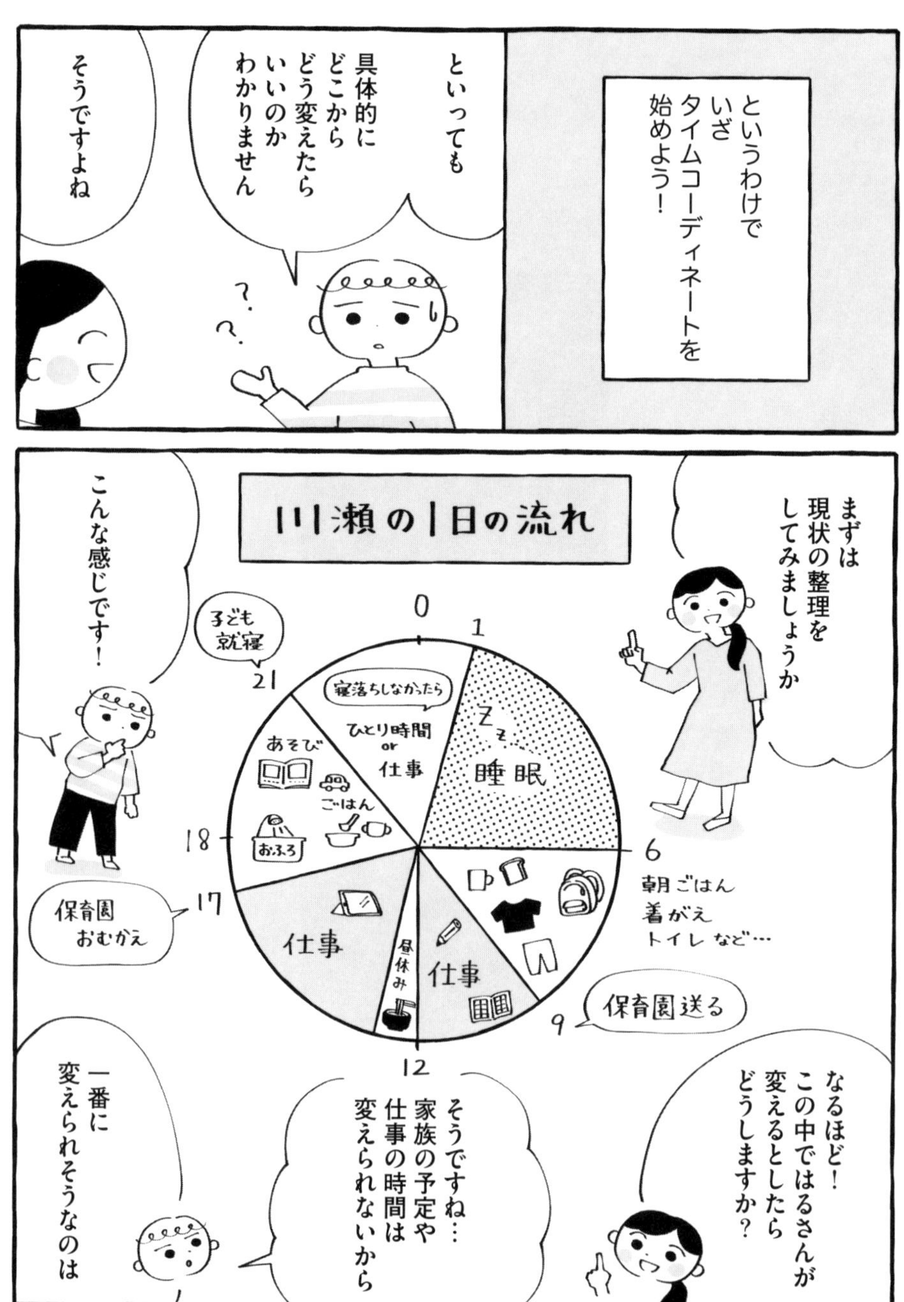

というわけで
いざ
タイムコーディネートを
始めよう！
といっても
具体的に
どこから
どう変えたら
いいのか
わかりません
そうですよね
?
?
まずは
現状の整理を
してみましょうか
こんな感じです！
川瀬の1日の流れ
0
1
6
9
12
17
18
21
子ども就寝
寝落ちしなかったら
ひとり時間
or
仕事
Z
z
睡眠
朝ごはん
着がえ
トイレ など…
保育園送る
仕事
昼休み
仕事
保育園おむかえ
あそび
ごはん
おふろ
なるほど！
この中ではるさんが
変えるとしたら
どうしますか？
そうですね…
家族の予定や
仕事の時間は
変えられないから
一番に
変えられそうなのは

すいみん
睡眠
sleep
sleep

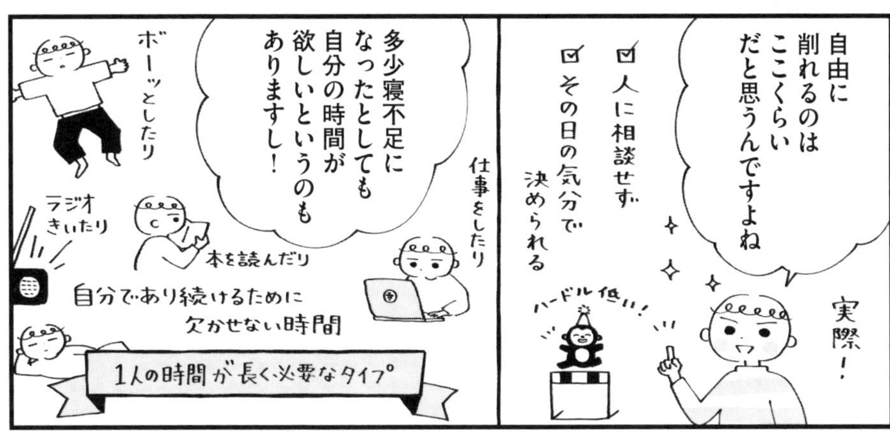
自由に削れるのはここくらいだと思うんですよね
☑人に相談せず
☑その日の気分で決められる
実際！
ハードル低い！
多少寝不足になったとしても自分の時間が欲しいというのもありますし！
ボーッとしたり
仕事をしたり
ラジオきいたり
本を読んだり
自分であり続けるために欠かせない時間
１人の時間が長く必要なタイプ

うんうん！
よしっ！もうちょっと寝る時間減らして自分の時間を作ろうと思います!!
時間確保〜！
読みたい本
ちょっと待って！

タイムコーディネートでは
「睡眠時間」が
第一優先
睡眠第一
何よりもまず
睡眠時間を
決めてから
その他の時間を
決めてみませんか？
え！

でも…
正直
ここ以外
削れるところ
ないような…
わかります！
その気持ち！
睡眠時間を
削るのなら
誰にも相談
しなくていいですし

しがらみや拘束のない
自由な時間って
そうでもしないと
なかなか持てなかったり
しますもんね
そうなん
ですよ〜
やりたいこと
たくさん
でも
アイマスク
ネタノート②
ネタノート①
(絵を描く)
スケッチブック
ヘッドホン
(音楽をきく)
ヨガマット
(ストレッチ)
(ドラマ観る)PC

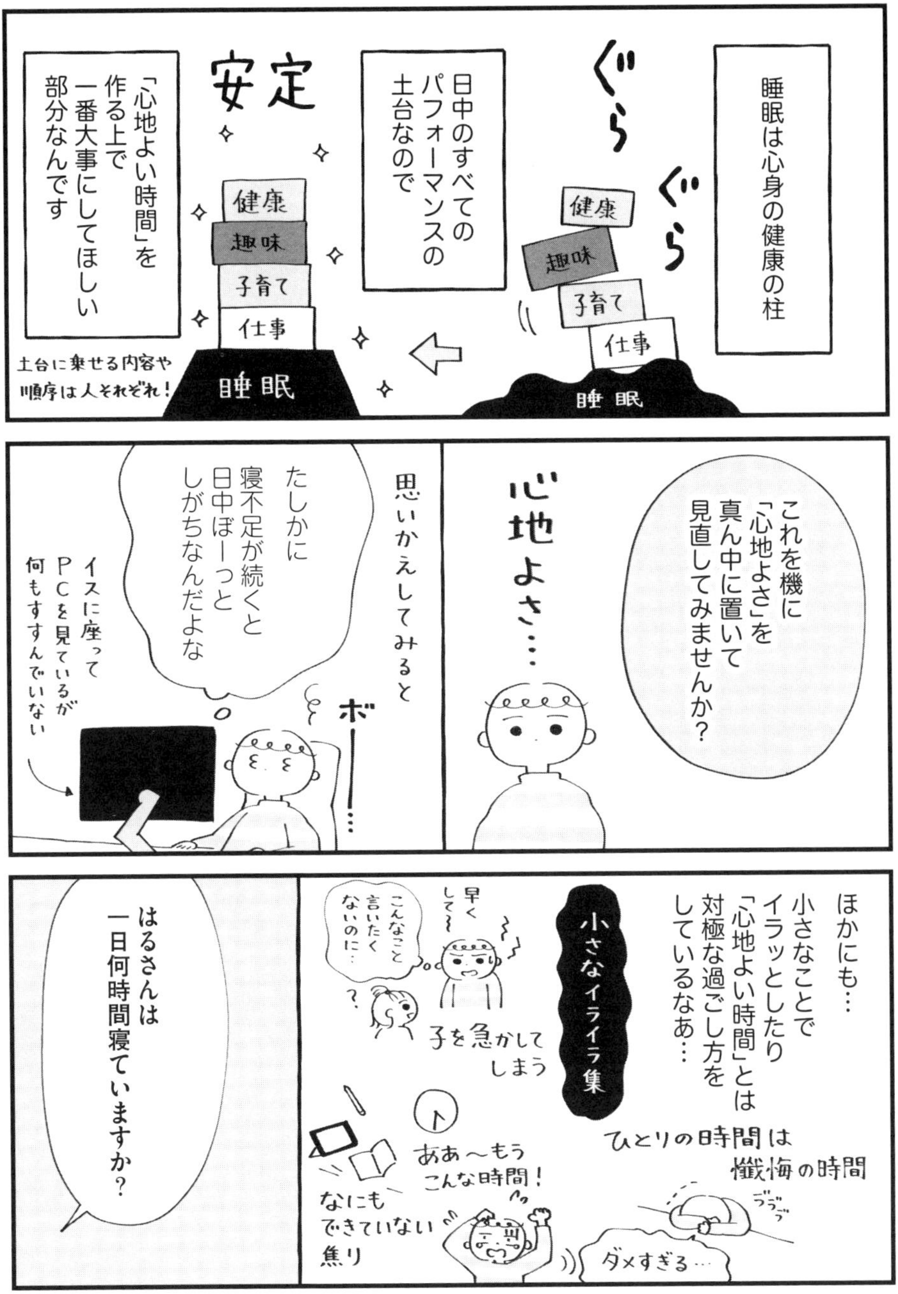

睡眠は心身の健康の柱

ぐら
ぐら

健康
趣味
子育て
仕事
睡眠

日中のすべてのパフォーマンスの土台なので

安定

健康
趣味
子育て
仕事
睡眠

「心地よい時間」を作る上で一番大事にしてほしい部分なんです

土台に乗せる内容や順序は人それぞれ！

これを機に「心地よさ」を真ん中に置いて見直してみませんか？

心地よさ…

思いかえしてみると

たしかに寝不足が続くと日中ぼーっとしがちなんだよな

ボー…

イスに座ってPCを見ているが何もすすんでいない

ほかにも…小さなことでイラッとしたり「心地よい時間」とは対極な過ごし方をしているなあ…

小さなイライラ集

早くして〜

こんなこと言いたくないのに…

？

子を急かしてしまう

ひとりの時間は懺悔の時間

ダメすぎる…

ああ〜もうこんな時間！

なにもできていない焦り

はるさんは一日何時間寝ていますか？

平均5〜6時間でしょうか
子どもが乳児の頃に比べれば眠れている方だと思うんですけど
寝た気がしない…
ひきずっているモヤモヤ
モヤ
モヤ
起きても全然気持ちの切り替えができていなかったり体に疲れが残っていることが多いです
子どもは元気だなァ…
じゃあ理想は何時間寝たいですか？
理想…
毎日疲れすぎてて考えたこともなかったけど
うーん
子どもの頃の私
たくさん遊んで
毎日20時半に就寝
子どもの頃みたいに8時間寝られたら
寝起きもスッキリして今より元気になれる気がします
OK！
じゃあまず8時間はしっかり確保しちゃいましょう
がっつり
おお
Sleep!
0
21
5
18
6
12

嬉しいけど…
夜も仕事
したいし…
その分
自分の時間が
減るのはつらいような
気もする
でも
よく考えると
平日22時の
私
ボーーー…!!

子どもを寝かしつけた後って
疲れてぼーっとしてる
(惰性で起きてる)
だけの日も多いんだよな
こうして見ると
しんどそう…
いつもの
私
それを自分が
心地よく感じているなら
いいけれど
そうじゃないなら
本当はもう
眠いんだよね
思い切って
21時に子どもと
寝ちゃうのも
アリかも
そう思うと
タイム
コーディネートって
つくづく
思っていたのと
違うんですね…
今晩さっそく
21時に寝ます!
そうなんです!
ぎゅ
自分に厳しく
自分に優しく

翌朝
チュン
チュン
パチ…
そろ〜り…
寝てる…
シャ…
パァァァァ…

私…
出産前は
朝型で
一日の中で
朝が一番
好きなんだった
朝一番の
空気
久しぶりに
吸ったな
気持ちいい…
15分後
かか――!!
いないイイイ
ハイ～
いるよ～
そうそう
早く起きると
なぜか15分後に
必ず子どもが起きるん
だった…

本格的な朝活はまだ難しそうだけど
牛乳あったためたヨ
ワーイ
心身の充電が完了してる感覚
久しぶりだ〜
準備OK!
その日は日中眠くなることもなく集中力もアップし
なんだろう…自分の大切を思い出せた気がする
夜までごきげんでいられたのでした
よし出発〜!

2話のまとめ

① まずは自分にとって
ベストな**睡眠時間**を確保！

② 睡眠は**日中のすべての**
パフォーマンスの土台

③ タイムコーディネートは
自分に優しく！

ワーク① 現状と理想の24時間を書こう

必ず理想の睡眠時間から書き込みましょう！
睡眠はすべての土台です。

《現状の24時間》

時刻	
4	
5	
6	
7	
8	
9	
10	
11	
12	
13	
14	
15	
16	
17	
18	
19	
20	
21	
22	
23	
0	
1	
2	
3	

《理想の24時間》

時刻	
4	
5	
6	
7	
8	
9	
10	
11	
12	
13	
14	
15	
16	
17	
18	
19	
20	
21	
22	
23	
0	
1	
2	
3	

第3話 コントロール権を自分で持つ

睡眠時間を確保する生活を始めて数日

寝る時間を決めただけで

ハイ！ぶどうぱんです！

気持ちの浮き沈みも減った気がする

…あ

そろそろ髪切りに行きたいなあ

でも

もっと早くに予約すればいいんだろうけど
子どもが急に熱出すかもしれないし
あそぶ～
熱が出ても元気
仕事が急にバタつくかもしれないし
ヒイイイイ
やっぱり髪を伸ばそうとかカラーしようとか気が変わるかもしれないし
この髪型いいなァ…
ついつい後回しにしてしまう
美容院も病院も整体も…
もやもや
自分ひとりのプライベートな予定だと余計に…
これでいいとは思ってないんだけど…
はるさん
そんなときはまず「コントロール権は自分が持つ」と
決めてみませんか？
Time

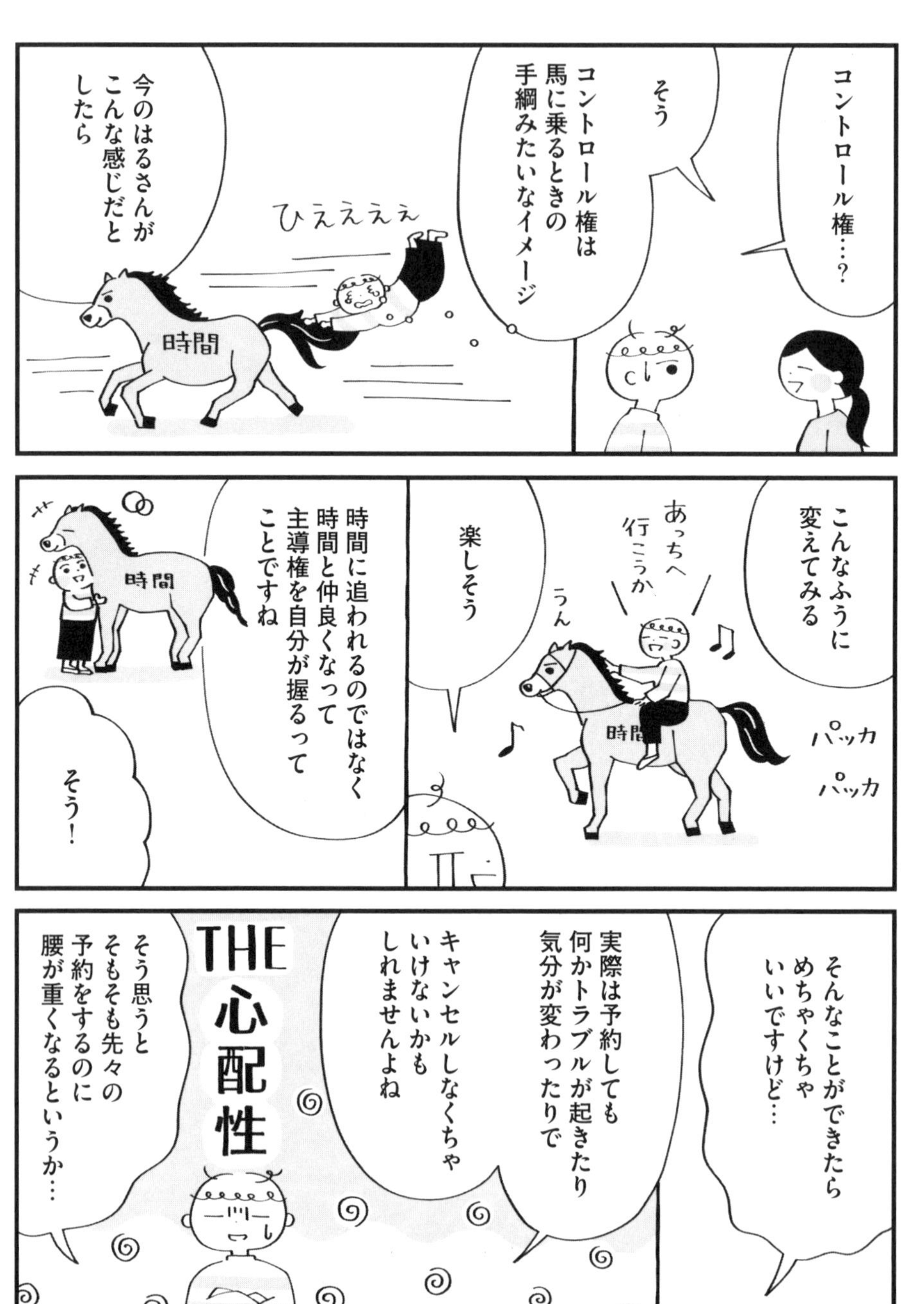
コントロール権…？
そう
コントロール権は
馬に乗るときの
手綱みたいなイメージ
今のはるさんが
こんな感じだと
したら
ひえええええ
時間
こんなふうに
変えてみる
あっちへ
行こうか
うん
パッカ
パッカ
時間
楽しそう
時間に追われるのではなく
時間と仲良くなって
主導権を自分が握るって
ことですね
時間
そう！
そんなことができたら
めちゃくちゃ
いいですけど…
実際は予約しても
何かトラブルが起きたり
気分が変わったりで
キャンセルしなくちゃ
いけないかも
しれませんよね
THE
心配性
そう思うと
そもそも先々の
予約をするのに
腰が重くなるというか…

私は
美容院の予約
１年分入れてますよ
ニコーーッ
え⁉
１年分⁉

すごいです…
さすがですね…
いえいえ
すごくないんです！
私 予約を入れるのが
すごくすごく苦手で
ほっとくと全然予約しないので
もう美容院に行ったときに
１年分一気に入れちゃうんです
え…
逆に…？
そう！
電話予約のみだったりすると
もう絶対無理なので
意外すぎる…

あまりにもイレギュラーを気にしすぎると何にもできなくなりませんか？
子どもの急な発熱など突発的な予定変更はどうしても起こるので
起きたときに対処すれば大丈夫！
そうなんですけどね…なんか不安で…
それよりも
いかに自分にとって腰を上げなくてもいい環境を作り上げるかってすごく大事なんです！
それを一度考えてみるともっと心地よく過ごせるようになるかもしれません
大切なのは心地よさ
たしかに子どもの発熱予測は不可能だし気にしすぎても仕方ない
それに髪の伸びるスピードって変わらないし
髪型変えたくなるかも…と思ってたけど
私30年くらいずっとショートカットで今後もそれは続けたいって思ってるんだった

1年分はさすがにまだできないけど毎回カット後に次の予約を入れてしまうのもアリか…
とりあえず今回の予約を…
ポチ
ポチ
おっ取れた！
数週間後
あ〜さっぱりした
お会計5000円です
あっそうだ！
次の予約もお願いします！
はーい
SALON
よし
次は1ヶ月半後！
あ〜先の予定を決めちゃうって気持ちいいな

保育園や学校の予定も
1年分もらったら
先に全部入れちゃうと
ラクですよ！
そういえば
保育園の年間予定表
もらってたな
帰ったら
やってみよう！

え――っと まずは…
手帳の
マンスリー部分に
今わかる予定を
全部記入
仕事の予定も
入れちゃおう

予定が定まり、この先の
自分の時間がくっきり
していく…
おおお
これは…
クセになる
気持ちよさ
それに…

こうやって予定が可視化されると

ほっとするなあ

先々の予定を入れたら不安になる気がしてたけど

イメージ

予約しちゃった…

大丈夫かな…

ソワソワ

モヤモヤ

逆だった

予定を先に入れていくといろんなものが見えてくる

Before

向かうべき場所と道のりがはっきりして

不安

モヤモヤ

後悔

焦り

先が見えない…

After

視界は広がり

心は穏やかになる

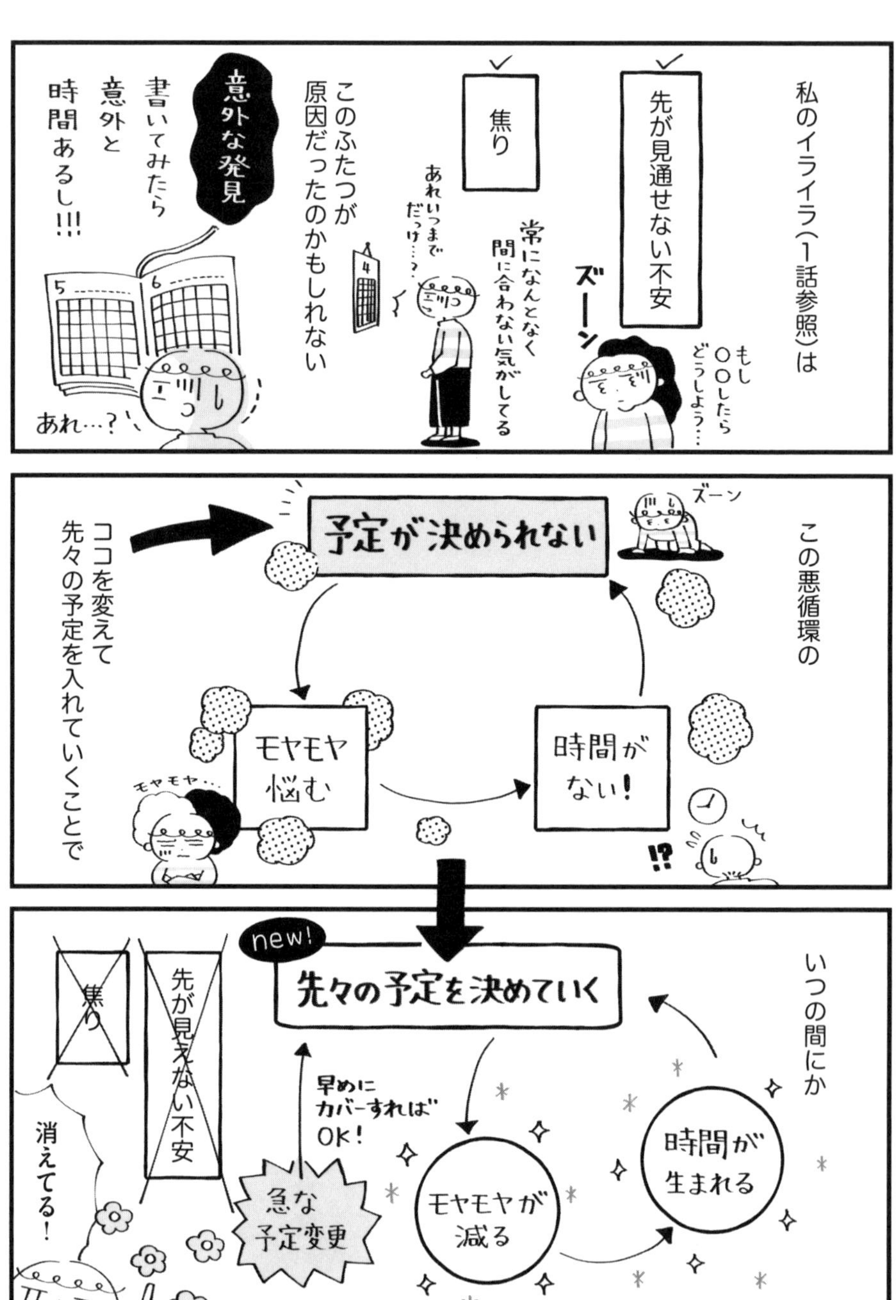

私のイライラ(1話参照)は
先が見通せない不安
もし
○○したら
どうしよう…
ズーン
焦り
常になんとなく
間に合わない気がしてる
あれいつまでだっけ…?
このふたつが
原因だったのかもしれない
意外な発見
書いてみたら
意外と
時間あるし!!!
あれ…?
この悪循環の
予定が決められない
ズーン
時間がない!
モヤモヤ悩む
モヤモヤ…
ココを変えて
先々の予定を入れていくことで
いつの間にか
new!
先々の予定を決めていく
時間が生まれる
モヤモヤが減る
早めにカバーすればOK!
急な予定変更
先が見えない不安
焦り
消えてる!

こうして考えてみると

いつも直前で動くから全部「急ぎ」になっちゃって疲れるのか〜

早く決めなくちゃいけないけど頭が働かない…

ぬっ

そうなんです！

予定の管理で優先順位をつけるときに大切なポイントがあって

優先順位づけのポイント

① 緊急であり重要なこと	② 緊急ではないが重要なこと
③ 緊急であるが重要でないこと	④ 緊急でもなく重要でもないこと

一番前倒しでやっていくのは②なんです！

えっ

※スティーブン・R・コヴィー博士「7つの習慣」より

①だと思ってました…

もちろん①も大事ですが②が①になる前にやっていくことで余裕が生まれます！

必ずやってくる用事…例えば美容院の予約やお子さんの七五三のお参りなどは緊急になる前に終わらせちゃいましょう！

この勢いで手帳に書き込みます！

3話のまとめ

① 先々の**予定を固定**すると、心が穏やかになる！

② 自分にとって**いかに腰を上げなくていい環境**を作り上げるかが大事！

③ 時間に追われるのではなく、**時間と仲良くなって**主導権を握ろう！

ワーク② 優先順位をつけてみよう!

❶ 思い出せる予定や用事を書き出そう

❷ 書き出した予定や用事を以下の4つに分けてみよう

① 緊急であり重要なこと

- 差し迫った問題
- 期限が迫っている仕事

② 緊急ではないが重要なこと

- 人間関係づくり
- 自分磨き
- 子どもの行事
- いつか挑戦したいこと

③ 緊急であるが重要でないこと

- 無意味な付き合い
- 急な連絡

④ 緊急でもなく重要でもないこと

- 暇つぶし
- ダラダラスマホ

❷に当てはまるものはしっかり行動する日を決めて
スケジュールに書き込んでおきましょう

先に予定を固定すれば
心が穏やかに
なるよ！

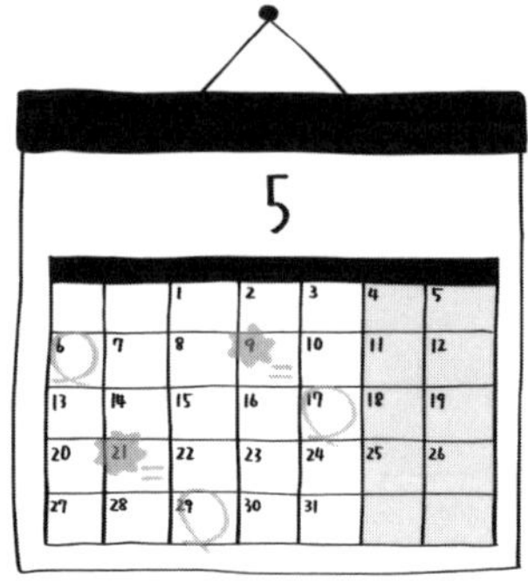

第4話
自分にとって
大切にしたい時間
MEMO
MEMO

前回は先の予定を埋めていってもらいましたがまた一日について考えてみましょうか
24時間のうち8時間を睡眠に使う生活はいかがですか？
しっかり寝ると一日を通してメンタルが安定しますね
改めて睡眠って大事だなと感じました！
それと先日夫に
産後約4年間ずっと元気なかったけど最近前みたいに元気な日も出てきたね
と言われました
子どもの成長もあるのかもしれないんですが睡眠のおかげかなと
元気
3歳後半になりました
旦那さんがそんなことを！それはすごくいい変化だと思います！
じゃあそのままほかの生活の部分もうまく回っている感じでしょうか？
それが実はまだ…
8時間睡眠はできたりできてなかったり…です

そうですよね〜〜〜
毎日となると
なかなかね！
うん
うん
8時間睡眠を
定着させたいと
思ったら
まず
具体的に何時に
布団に入るのかを
決めるわけですが
寝た…
21:00

そのためには
夜の時間を
どう過ごせばいいのか？
夕方の時間
18:00
ただいま〜
タタタ
午後の時間
14:00
仕事…
さらには午前中…
10:00
ポカ〜
と
さかのぼっていきます

そうしていくうちに
これじゃあ絶対
8時間睡眠は
無理だぞ？
という壁が出てきます
ドーン
どうしよう…
じゃあ
どこで調整
できるかな？
どこか
手放せないかな？と
いったふうに
考えていくのですが…
はるさんは
どのあたりに問題を
感じましたか？

そうですね
私の場合 睡眠時間を
8時間確保したところ
やっぱり夜も仕事したい
自主制作のマンガ・SNS
3年以内に作りたいものの
構想を練ったり、本を読んだり
夫とお酒を飲みながら
ダラダラ喋る時間が欲しい
子どものこと、家のこと
お互いの夢や楽しみに
ついて
と思うようになって

それを満たしたくて
結局8時間の睡眠を
削っている感じです
グイグイ
睡眠
仕事
ハッハッハッ
余暇
ふむふむ なるほど!
やりたいことが
はっきりしてますね!
じゃあ確保した
睡眠時間以外で
調整できそうなところは
ありませんでしたか?
…
はるさん
どうしました…?

いや…あの…
考えていくうちに
気づいちゃったん
ですけど…
私やっぱり
仕事の時間も
もっともっと
増やしたいんですよ
睡眠時間は確保できても
このままだと
日々の仕事時間は7時間……
ハッ
もう
こんな時間…
今の自分には
全然足りない
気がするんです…
そうなんですね…
ダメですよね
もっと働きたいなんて…
え!?
全然ダメじゃないですよ！
そんなわけ
ないじゃないですか！
小さくなってる！
どうして
そう思うんですか？
うーん
なんとなく…
母親として……
子どもが小さい頃は
働く時間よりも
子どものことに
時間を割くことを考えないと
いけないような気がして…
人それぞれとは
思いつつも…
育児
家事
仕事
みんな
そういう
バランスに
時間がない！って
悩んでるんじゃないかって
思って…

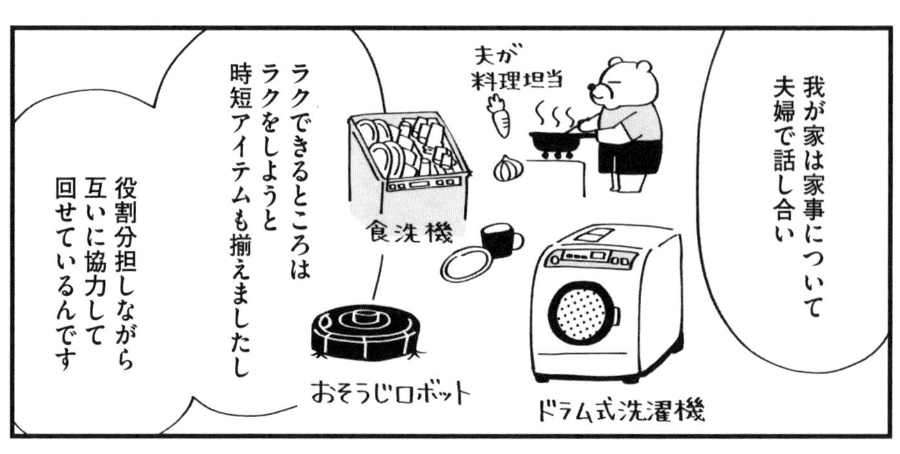
我が家は家事について
夫婦で話し合い
夫が
料理担当
ドラム式洗濯機
食洗機
おそうじロボット
ラクできるところは
ラクをしようと
時短アイテムも揃えましたし
役割分担しながら
互いに協力して
回せているんです

その上で
まだ仕事の時間が
足りない
なんて思うのは
自分勝手で
ただ贅沢な悩みに
思えてきたんです
どんどん
小さくなる
だから
睡眠を削って
自分のやりたいことをする方が
ちょうどいいと…？
はい……
仕事をしたい気持ちは
止められないので

自分に罰や苦労を
与える方が
安心して好きなことが
できる気がするんですよね
NOOOOOO!!
ピュ

はるさん 全然違いますよ！
タイム
コーディネートというのは…
以前お伝えしましたよね？
そう
自分の人生の
デザインなんです！
自分が心地よい
時間の過ごし方を
見つけてほしい
大事な
ポイントなので
何度でも!!
だから
「こうじゃなきゃいけない」は
いらないんです！
うっ……
今一番大事なのは
「もっと仕事がしたい」という
はるさんの気持ちですよね？
はい…
すきあらば
描こうとする
手…
では
7時間確保している
はずなのに
足りないと思うのは
なんででしょうか？
例えば……
7時間あっても
有効的に使えていない
夜の時間に
仕事をするのが好き
なんていう理由が
隠れているのかも
しれません
おちつく…
たしかに
思い当たるかも…

今の自分は何に一番時間を割きたいのか
ということを知ることはすごく大切です
1 ○○○
2 △△△
3 □□□
そこがすべての起点になるしそれはご本人にしかわかりませんからね
たしかに…
実際仕事と家庭の両立に悩んでいる方は多いですが
家庭
仕事
一見自由時間の多いひとり暮らしであっても
健康を大切にする時間を作りたい!
という方もいれば
転職したいから勉強する時間がほしい!
という方も
ダイエットに専念したい
パートナーと過ごす時
このゲームをクリアする時間がほしい
推し活を大切にしたい
ひとりの時間
などなど
誰かにとっては優先度が低いものであっても
その人にとっては居心地のよい大切な時間なんです
せっかく自分の心地よい時間がわかったのに
うしろめたいから睡眠時間を削る…というのは本末転倒ですよ
今日をもっておしまいにしましょう!!
うるうる

母親だから
働く時間を増やすよりも
穏やかな子どもとの時間を
作らなければならない
という考えにも
縛られる必要は
ありません
母親というのは
役割のひとつであって
中身は
ひとりの人間ですよね
私
親
妻
町内役員
姪
子
妹
マンガ描く人
など…
その中には
絶賛子育てブームな
人もいれば
お仕事ブームな
人もいるんですよ
いってきまーす！
むしろ
いて当然です
ブーム!!
ブーム【Boom】
①爆発的に流行すること。急激に
盛んになること。「—に乗る」。
（大辞林 第3版より）
そうです ブームです！
そう思うと
少し気が楽に
なりますか？

はい！
これはブーム…!!
ブームっていいですね
自分の心にピントが合いつつも
でもこれはずっと続くわけじゃないんだってどこか安心できる気がして
うんうん
子どもを産んでから数年はどうしても子ども中心になりますから
今やっと少しお子さんから手が離れて自分の時間ができてきて
お仕事できる喜びを思い出すのは自然な心の流れだとも思います
うう…すごく嬉しい…
こういう話あんまり人にできなかったので…
というわけで
はるさんがなぜ仕事時間が足りないと感じているかに焦点をあてて考えてみませんか？
ぜひお願いします!!

はちみつCE編集部

OVERLAP.inc

はちみつコミックエッセイ 2023～2024 ラインナップ

どの作品も読めば元気になりますよ

2023.1月

自分へのダメ出しはもうやめた。

自己否定の沼から脱出した わたしカウンセリング日記

著：ノガミ陽　1210円（税込）208ページ

他人の評価にふり回されず 自分で自分を満たしていく思考術

2023、3月

子どもと2人日本脱出 タイ暮らし。10年目

著：おこめ　1210円（税込）208ページ

行動力があれば 世界は変わる！ タイの人々の生き方から考えさせられます

2023、4月

学校に行かない君が教えてくれたこと

親子で不登校の鎧を脱ぐまで

著：今じんこ　1210円（税込）176ページ

不登校ってそもそも ダメなこと…？ 行けば良いってわけでもないよね？ 子どもと寄りそい 自分の考え方もあらため 不登校へのイメージが変わっていく

2023、5月

うっかり婚も気がつけば10年め。

著：こいしさん　1210円（税込）208ページ

さくっと結婚しようが 長年付き合って結婚しようが 他人同士が家族になるって大変!! 日々 ごきげんでいられたら花まる！

題のある 保育園

さいおなお　1210円（税込）240ページ

旧twitter）で話題!! の起こりやすい 環境ってどういう ろうかと考えさせられる一冊

きな退屈日和

田ナノ　1210円（税込）160ページ

何もなかったな…と思う も実は けっこう楽しかったかも の解像度がグンッと上がる んの 普通の日々

妊婦孤高のさけび！ になるのは スマホだけ?!

真船佳奈　1210円（税込）240ページ

出産・育児 における かった！や ツラかった!!を かというくらい爆笑に変えて 友だちの様な本です

不安すっきり解消！ 夫の家計大作戦

ぼこまき　1320円（税込）176ページ

理系夫さん本 第2弾!! の やり方を みつけていける 婦で話し合いたい一冊.

2024.1月

ただのぽんこつ母さん だと思っていたら ADHDグレーでした。

著:はなゆい　1320円(税込) 224ページ

頑張っても注意しててもできないのは努力不足…? いいえ、それは脳のクセです!! 身体の不得意と同じように脳もサポートする方法がわかりやすくて実践的

2024.2月

スカートの呪いが

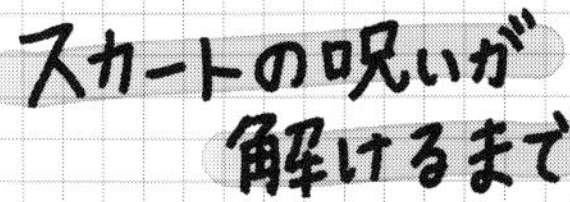

解けるまで

幼少期からの性被害が原因で女らしさ恐怖症になった私

著:魚田コットン　1320円(税込) 160ページ

自分が悪いからだ…とずっと責めていた著者は他人に対してもあなたが悪いと責める心を持つように…自分の声を聞き救え出せたあの日、ようやく呪いが解け大切なことに気づいていく

2024.2月

働きママン まさかの更年期編

～ホットフラッシュをやりすごせ!

著:おぐらなおみ　1320円(税込) 160ページ

働きながら子育てしているママたちのバイブル! 主人公一ノ瀬も48歳となり子育ても落ちついてきた所で次に迎え撃つは体の不調、部下の育成!! …子育てもまだまだありますやん!!! な日々。仕事も母業も泣いて笑って汗かいていきましょう!!

2023.6月

2023.7月

2023.8月

2023.10月

Webサイトの作品ためし読みページも充実…!!

スマホからも　パソコンからも

読みやすく

日々改善してます!!

それぞれのアクセス情報は一番下をみてね!!

はちみつコミックエッセイSNSはお得な情報発信中です!

noteでは著者さんインタビューなども読める!

Xやインスタはプレゼント企画もあるよ!

くまおのつぶやきも♡

編集部メンバー近況報告でございまーす!!

しらくま

今まで何年も同じ手帳を使っていましたが、今年から「陰山手帳」なるものを使いはじめました。決め手となったのが複数のプロジェクトを進行管理できるページ。見開きでその月のタスクが一目で分かるので便利です。これでしっかり進行スケジュールを管理していけば、本を沢山出版できるでしょう!

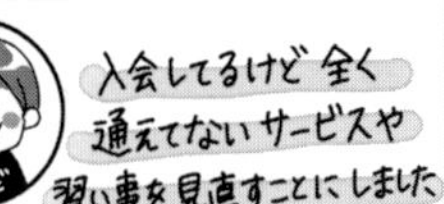

入会してるけど全く通えてないサービスや習い事を見直すことにしました。フルタイムだったヨガレッスンを月4回に、ゴルフレッスンは退会、美容院サブスクを解約。これでずいぶんスッキリ! あとは固定電話を解約するかどうか、迷ってます。

東京の山のほうに住んでいる私ですが先日雪がたんまり積もりました。前年積もった時は園芸用の小さなスコップで雪かきしましたが今回はさすがにキツいと近所のママ友からでっかいスコップを借りてみました! あまりにはかどるのでそこらじゅうの雪をかいたほど✧ちゃんとした道具って大事ですね…ケチってちゃダメだ。

情報盛りだくさん!!
\\ フォローしてね! //

はちみつコミックエッセイ公式

Homepage… https://over-lap.co.jp/888ce/
X …@hachimitsucomic
instagram…@overlap_ce

YouTubeチャンネルも充実してるよ!

株式会社オーバーラップ
東京都品川区西五反田8-1-5 五反田光和ビル4F

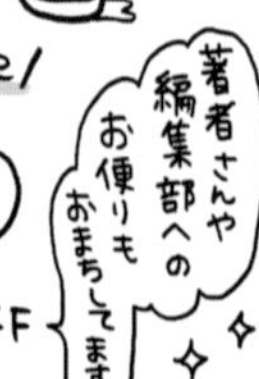

4話のまとめ

① **大切にしたい時間は人それぞれ**
なので罪悪感を持たないで！

② 自分は**今何に一番**
時間を使いたいか（ブーム）を
知ることが大切

③ 安易に**睡眠時間**を削るのは**NG**！

仕事の時間を
大切にします

第5話 時間は量より〝満足度〟が大切

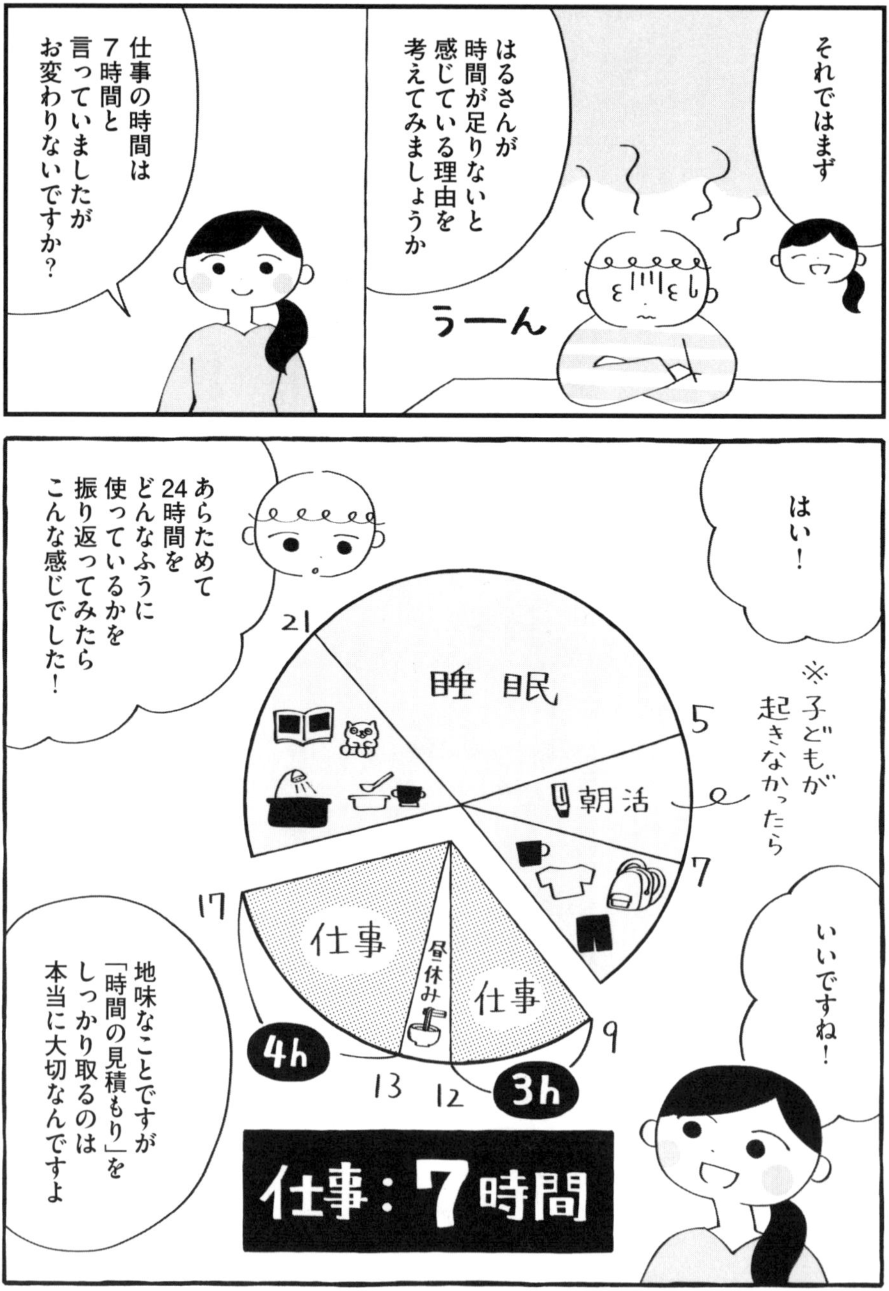

はい！

あらためて24時間をどんなふうに使っているかを振り返ってみたらこんな感じでした！

21
睡眠
5
朝活
※子どもが起きなかったら
7
9
仕事
3h
12
昼休み
13
仕事
4h
17

いいですね！

地味なことですが「時間の見積もり」をしっかり取るのは本当に大切なんですよ

仕事：7時間

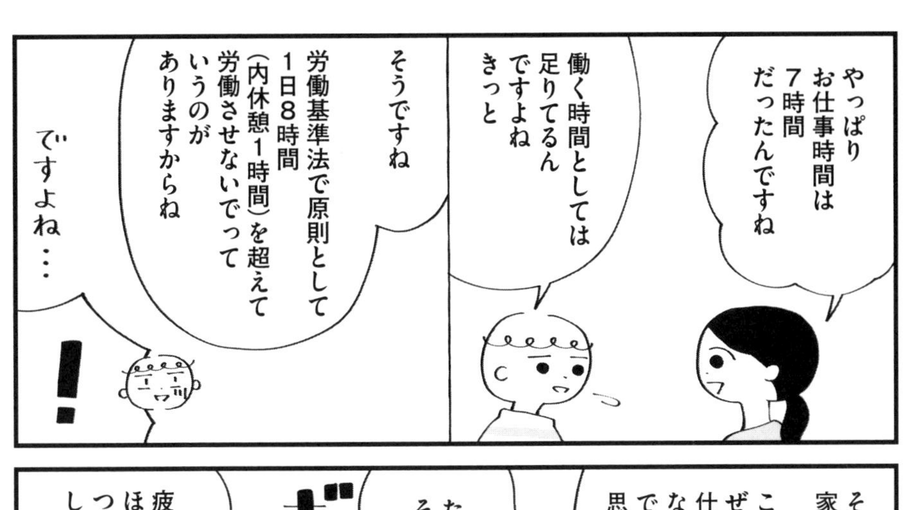
やっぱり
お仕事時間は
7時間
だったんですね
働く時間としては
足りてるん
ですよね
きっと
そうですね
労働基準法で原則として
1日8時間
(内休憩1時間)を超えて
労働させせないでって
いうのが
ありますからね
ですよね…
!

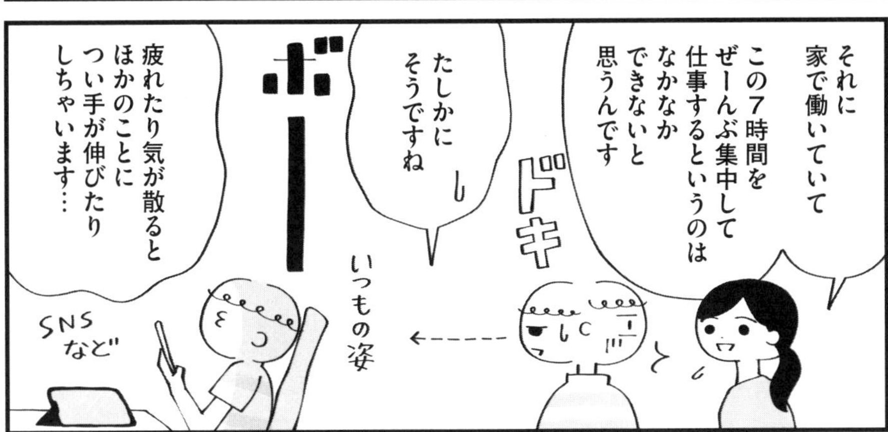
それに
家で働いていて
この7時間を
ぜーんぶ集中して
仕事するというのは
なかなか
できないと
思うんです
ドキ
たしかに
そうですね
ボー
疲れたり気が散ると
ほかのことに
つい手が伸びたり
しちゃいます…
いつもの姿
SNS
など

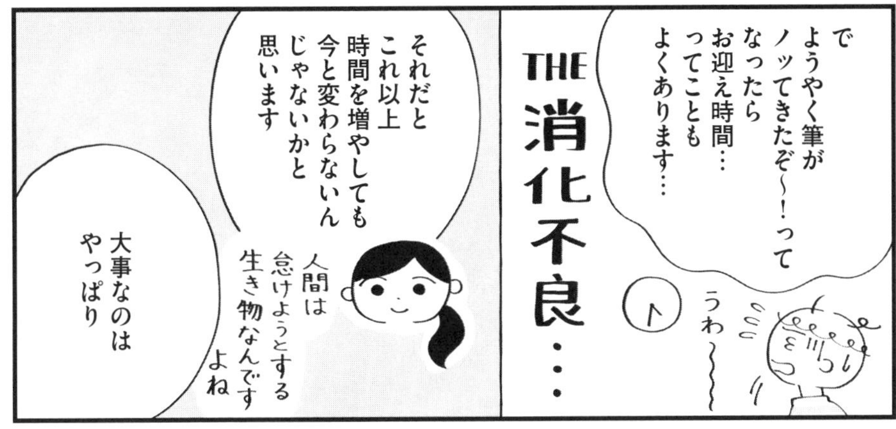
で
ようやく筆が
ノッてきたぞ〜!って
なったら
お迎え時間…
ってことも
よくあります…
THE
消化不良…
うわ〜〜
それだと
これ以上
時間を増やしても
今と変わらないいん
じゃないかと
思います
人間は
怠けようとする
生き物なんです
よね
大事なのは
やっぱり

その時間を
何に使うか
具体的に
決めることです！
何に使うか…
具体的に…
ハッ

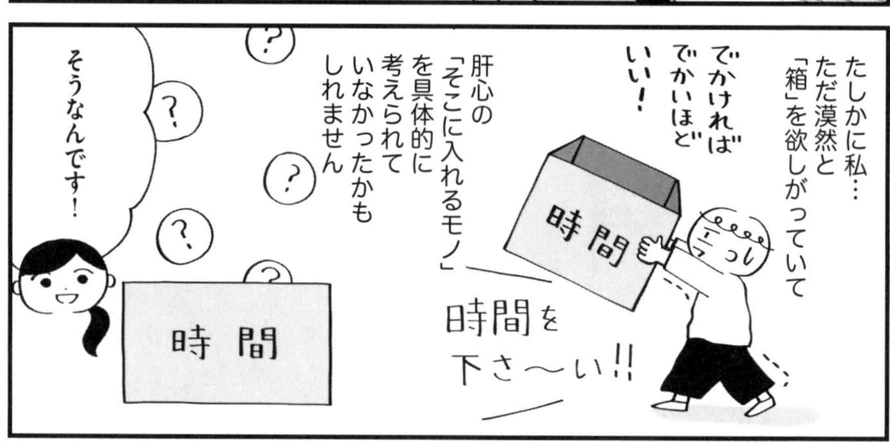
たしかに私…
ただ漠然と
「箱」を欲しがっていて
でかければ
でかいほど
いい！
時間
時間を
下さ〜い!!
肝心の
「そこに入れるモノ」
を具体的に
考えられて
いなかったかも
しれません
そうなんです！
時間

限られた時間を
何にどう使うかが
明確になっている方が
時間
今日やるべきことは
やれたぞ！という
達成感を味わえて
GOAL
その日一日の
満足度を
上げてくれるんです！
というわけで

次はこの
仕事時間の使い方を
具体的に考えて
みましょう〜!!
時間
ココに何を入れるのか
ハイ!!
やってみます!
う〜ん…
…
私の仕事内容を
ざっくり書き出して
みたところ
こんな感じになりました!
ひらめき系
マンガの
構成や下書き
次に作る作品の
キャラクター設定
SNS用マンガの
アイデア出し
作業系
ペン入れ・着色
週刊日記の
ネタ整理
ipadと
ノートが
あれば
どちらも
できる!
なるほど
この部分の
時間の使い方で
自分が迷ってることが
わかりました
時間が読めない
作業の時間ですね
そうですね
これについては
朝起きてから
寝る直前まで
常に頭の中にあります…

スマホで言うと
バックグラウンドでずっとアプリが起動しているような状態で
とにかくずっと考えています
いつ降ってくるかわからないから…
そうしないと何も入ってこないような気がして…
わかりますわかります！
脳をオープンにしていつでも降りてこい…！みたいな感じでありたいですよね
アイデアって急に降りてくるイメージもありますし！
そうなんですよ！
だから自力ではどうにもならないというか…とりあえず開けっぱなしにするしか…
…ただ
寝る直前までアンテナが立っている状態はけっこう疲れるんですよね
疲れた分だけ成果が出るわけでもないのでモヤモヤもしています
頭が熱い…
…

はるさん…
めちゃくちゃよいところに気づいてますよ！
え…そうですか…!?
はい！よいアイデアって費やした時間と比例して浮かぶわけではないと思うんですよね
私なんかは何も浮かばないな～って思ったらインプットの時間に切り替えたりしてますよ
インプット…
そう！
本を読んだり映画を観たり街をぶらぶらしたり好きな場所にでかけたり…
小説
たぬきはどこ…
CINEMA
いい天気
私は真逆でアイデアが浮かばないとより机から離れられなくなっちゃいます
離れたいけど離れられない…
例えばお子さんのお迎えで自転車に乗ってるときとか
気分転換してる方が浮かんできたりしませんか？

スーパーで
買い物してるときに
突然ひらめいたり
あ！
あります！
あります！
慌ててスマホに
メモメモ！ってなったり
そうそう！
私はよく
音声録音機能で話して
記録したりします！
なるほど～！

……って
あれ…
もしかして
これが気分転換…？
はい！
少なくとも
じーっと
机に向かって
考えているよりは
動いた方が
気持ちは切り替わって
いますね

集中&リラックス
できる環境
＝
アイデアの
浮かびやすい環境
と考えて
Relax
自分の好きな場所や
落ち着く場所を
深掘りしてみると
よいかもしれません

そういう環境を知っておくと

アイデアを出すのは午前の３時間だけ！

と決めて行動しても案外パッと浮かんだりするものですよ

うずうず…

なるほど…！

ついつい外に出るのが億劫で

一日中家で机とにらめっこしてたんですけど

ひとりでカフェに行くのが好きなので…

よいと思います！

私もお気に入りのカフェとかいくつか用意してますよ！

この仕事はあのカフェのあのお気に入りの席で！とか…

え！そんな細かく…!?

席までイメージして!?

その日の気分で行きたい場所を決めたりもします

今日はこのことだけに
集中する！って決めたら
必要のない道具は
一切持っていかなかったりも
しますね
Only!
NOTE
パソコンは置いて
手帳とペンだけとか
たしかに
近所のカフェで
これを集中してやる！って
思ったら
スマホ置いていったって
いいのか…

急に連絡がくるかも！とか
つい考えちゃうんですが
ないと不安…
近所なら
1時間だけと
決めるのも
いいかもしれないですね
機内モードを使うのも◎
長い時間を
確保しておいたはいいけど
後半はほとんど
SNSを見て
終わった…とか
なるべくなくしたい
時間なんだよなあ…
ボー…
よくある
風景

スマホが手元に
ないのは
不安だけど…
かといって
あったら
絶対見ちゃう！
じゃあ
リュックにしまう？
機内モード…？
いやでも私は
誘惑に
弱いから
やっぱり…
ブツ
ブツ
ふふ
そうです
そうです
そうやって
自己分析して
いくことが大切！

人間の集中力って長くは続かないので

あれもこれも…とピントをぼかすよりは

わちゃ

わちゃ

環境を整えて時間も決めて

今日はコレ!

ヨシ!

グッと集中してやってみるのがいいと思いますよ

なるほど…

まだちょっと半信半疑なところはあるんですけど

ほんとに自分にできるのか…

うずうず…

早く試してみたくなってきた

明日から3日間午前中だけ外に出てアイデアを出す仕事をやってみようと思います!

はい!レッツトライです!!

5話のまとめ

① 限られた時間の中で
何をするか具体的に決める

② やるべきことはやった！という
達成感がその日の**満足度を上げる！**

③ 人間の集中力は
長くは続かないと心得る

ワーク③　時間を見積もってみよう！

いざ計ってみると思ったより時間のかからないことや
逆にこれは時間が必要だな…という気づきがあります。
自分の得意・不得意も知ることができますよ。

やりたいこと・やること	見積もり時間	実際にかかった時間

だらだら考えるより
インプットの時間を
大切に☆

第6話 ベストなスタイルを分析する

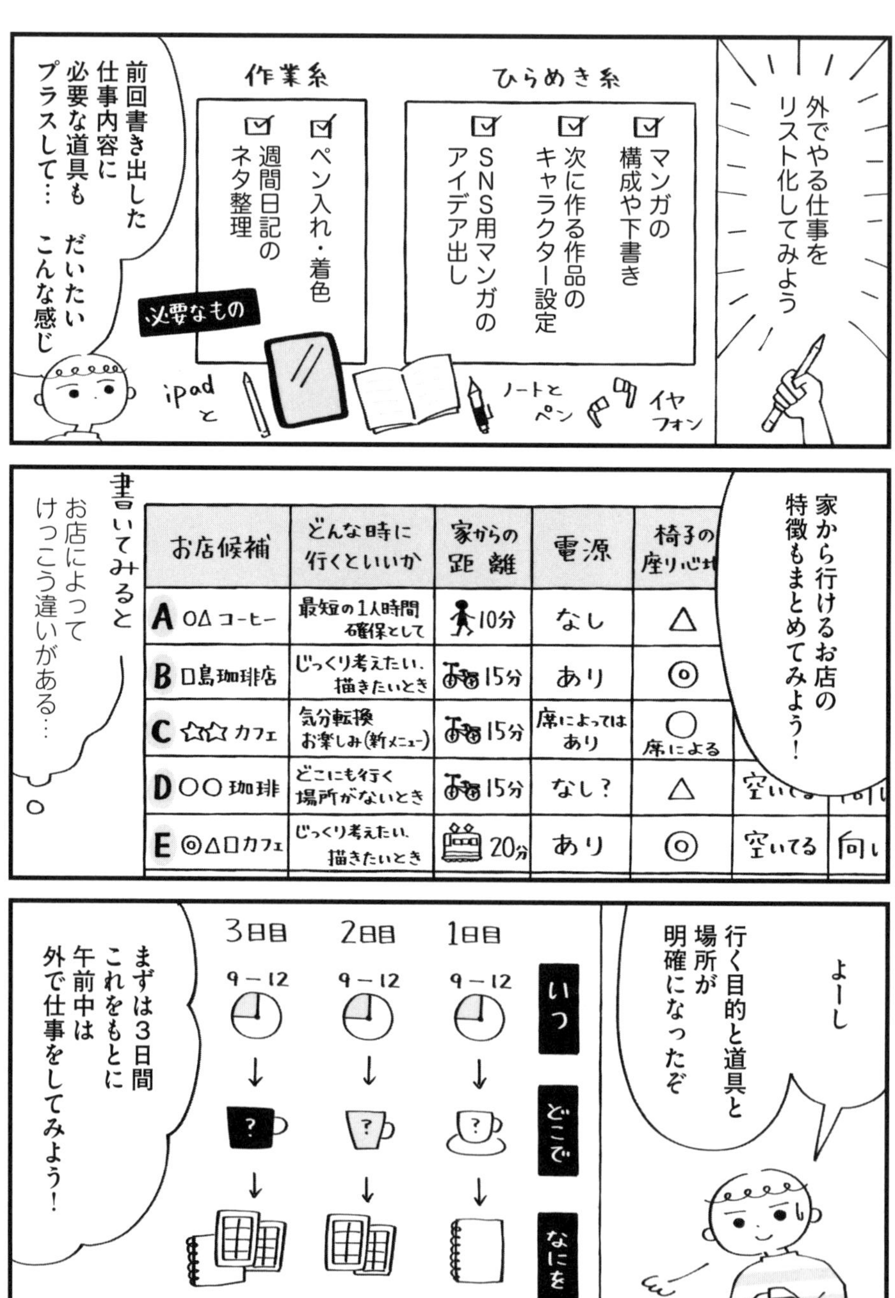

外でやる仕事をリスト化してみよう
ひらめき系
マンガの構成や下書き
次に作る作品のキャラクター設定
SNS用マンガのアイデア出し
作業系
ペン入れ・着色
週間日記のネタ整理
前回書き出した仕事内容に必要な道具もプラスして… だいたいこんな感じ
必要なもの
iPadと
ノートとペン
イヤフォン
家から行けるお店の特徴もまとめてみよう!
書いてみると お店によってけっこう違いがある…
お店候補 | どんな時に行くといいか | 家からの距離 | 電源 | 椅子の座り心
A ○△コーヒー | 最短の1人時間確保として | 10分 | なし | △
B □島珈琲店 | じっくり考えたい、描きたいとき | 15分 | あり | ◎
C ☆☆カフェ | 気分転換 お楽しみ(新メニュー) | 15分 | 席によってはあり | ○ 席による
D ○○珈琲 | どこにも行く場所がないとき | 15分 | なし? | △ | 空いてる | 向い
E ◎△□カフェ | じっくり考えたい、描きたいとき | 20分 | あり | ◎ | 空いてる | 向い
よーし
行く目的と道具と場所が明確になったぞ
いつ
どこで
なにを
1日目 9－12
2日目 9－12
3日目 9－12
まずは3日間これをもとに午前中は外で仕事をしてみよう!

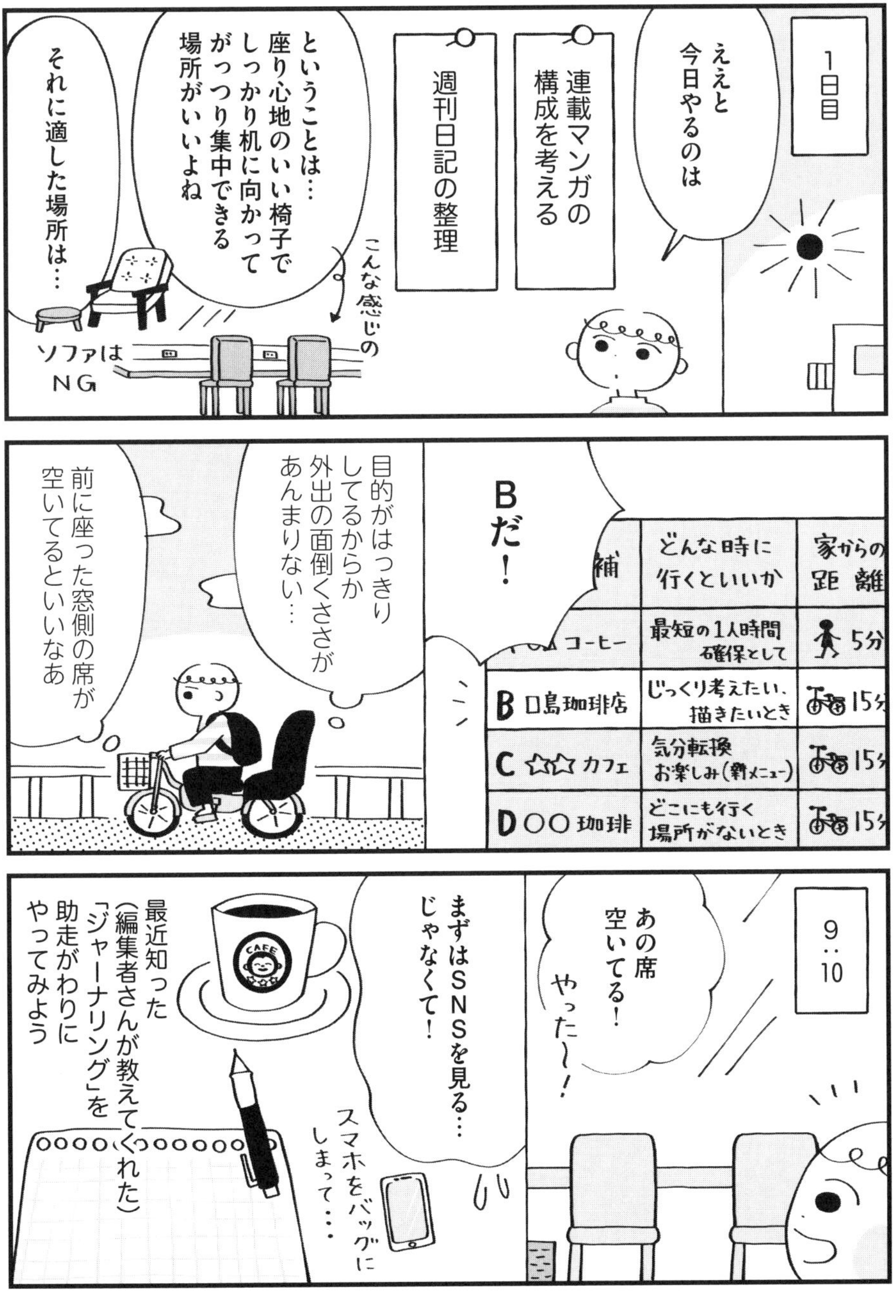

1日目

ええと
今日やるのは

連載マンガの
構成を考える

週刊日記の整理

ということは…
座り心地のいい椅子で
しっかり机に向かって
がっつり集中できる
場所がいいよね

こんな感じの

ソファは
NG

それに適した場所は…

補	どんな時に行くといいか	家からの距離
コーヒー	最短の1人時間確保として	5分
B 口島珈琲店	じっくり考えたい、描きたいとき	15分
C ☆☆カフェ	気分転換 お楽しみ(新メニュー)	15分
D ○○珈琲	どこにも行く場所がないとき	15分

Bだ！

目的がはっきり
してるからか
外出の面倒くささが
あんまりない…

前に座った窓側の席が
空いてるといいなあ

9:10

あの席
空いてる！

やった〜！

まずはSNSを見る…
じゃなくて！

スマホをバッグに
しまって…

CAFE

最近知った
（編集者さんが教えてくれた）
「ジャーナリング」を
助走がわりに
やってみよう

心に浮かんだことを全部吐き出すように書き出す
※やり方はいろいろあるそうです
カキ カキ
よし 書けた! なんか気持ちがスッキリしたなあ
準備運動をした感じ…
机に意識が集中しているこの状態のまま…
仕事に取りかかろう!
ノイズキャンセリングイヤフォン
よし…
ブク…
ブク…
できた!
え! もう11時…
はや…

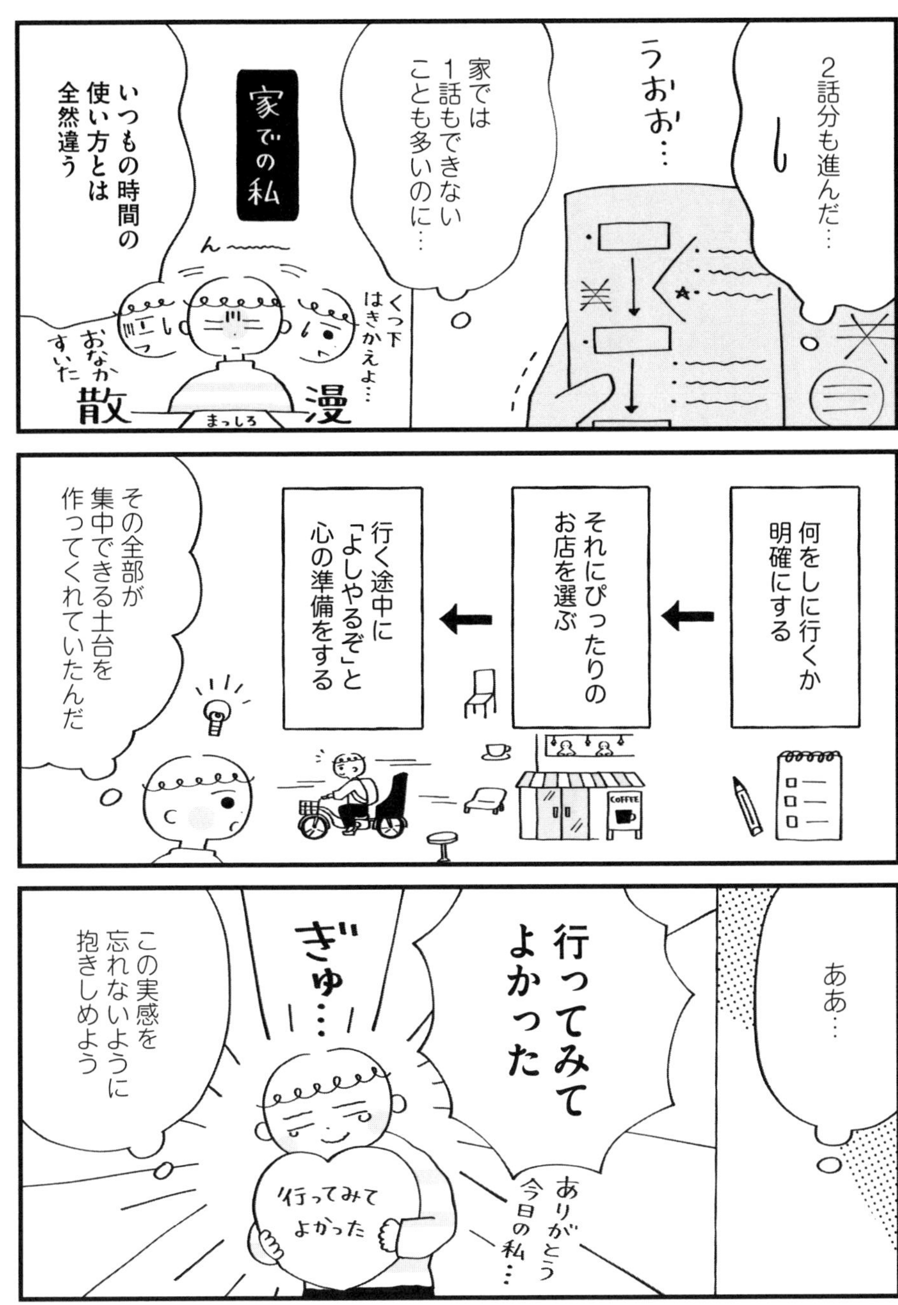
2話分も進んだ…
うおぉ…
家では
1話もできない
ことも多いのに…
家での私
ん〜〜〜
いつもの時間の
使い方とは
全然違う
くつ下
はきかえよ…
おなか
すいた
散
漫
まっしろ
何をしに行くか
明確にする
それにぴったりの
お店を選ぶ
行く途中に
「よしやるぞ」と
心の準備をする
その全部が
集中できる土台を
作ってくれていたんだ
COFFEE
ああ…
行ってみて
よかった
ぎゅ…
この実感を
忘れないように
抱きしめよう
ありがとう
今日の私…
行ってみて
よかった

2日目
もやもや
う〜…
今日はあんまり外に出たくないなあ
でも…
ちょっと面倒くさい…
ハッ
ほいくえんいく〜！
うん
昨日はちゃんと準備をしていったらはかどったし
note
あの「行ってみてよかった」の実感や深い集中から戻ってきたときの爽快感は忘れがたい…
う〜ん…
どうしよう…
ええと今日やることは
連載マンガのネーム（昨日の続き）
フムフム
よし…最低限これができればいいことにして
何も考えずに着替えちゃおう
とりあえず外に出てみよう
きがえた！
早〜い！
そのために適した場所は…
最優先
家から一番近い場所
なぜならしんどかったらすぐに帰ってこられるから
つまり…
Aだ！
これなら行けるよし！
GO！
お店候補
どんな時に行くといいか
家から距離
A OΔコーヒー
最短の1人時間確保として
5分

9:00
意外と空いてる!
今日は
人としっかり距離を
保ちたい気分だったから
嬉しいな
しかもまた
窓側だ!
窓大好き人間
よし
昨日みたいに
ジャーナリングから
始めよう
A5
ルーズリーフ
(方眼)
10分後
あ～やっぱり
書き出してみると
スッキリする
よしこのまま(SNSを見ずに)
ネームだ
集中
あ
ジャーナリング用の
紙とペンも
帰りに探そう
ちょっと休憩
カプチーノ
好き
ホ…
11:15
店を出る
あれ…?
今朝の私
行きたく
ない…
ハア…
最初は
外に出る気分じゃ
なかったけど
出てみたら
意外とはかどってる!

3日目
もしかしたら自分の気分って
案外当てにならないのかも…
行動あるのみ
動いてみたらコロッと気持ちが変わったよ…
行く目的とそれに合った場所決めも慣れてきたら気持ちがいいな
今日は集中して進めたいからまたB！
○○駅
「行くとはかどる」がもうわかっているから
「行くかどうか」ではもう悩まなくなってきてるし
3日後…
ジャーナリングして…
すぐiPad出して…
イヤホン…
集中…
おお…

今週分のタスクがほぼ終わってる!!
信じられない…
身支度を整えることでダラダラ過ごすことも減ったし
集中
オンオフの切り替えが明確になって
この3日間は自分の仕事を真ん中に置いて大切にできた
満足感…
ぎゅ
行ってよかった
家でも十分仕事をできているつもりだったけど
宅配便
ピンポーン
洗濯
あ、干さなくちゃ
掃除
あ~~今キレイにしたい!!
たまった空箱
何回も集中を削がれてたんだなあ
家にいると何かと便利だけど集中するには向いてなかったのかも…
今になってわかってくる…
以前 吉武さんが
人間は怠けようとする生き物なんですよね
と話していたけれど

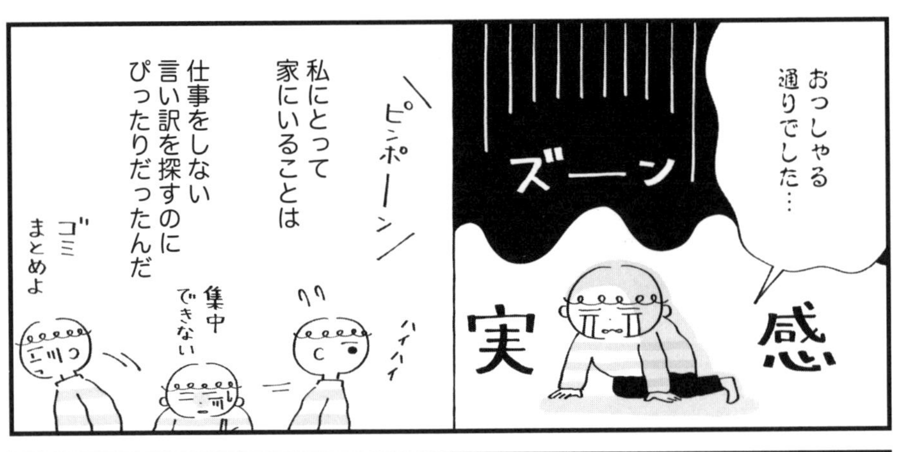
おっしゃる
通りでした…
ズーン
実感
ピンポーン
私にとって
家にいることは
仕事をしない
言い訳を探すのに
ぴったりだったんだ
ハイハイ
集中
できない
ゴミ
まとめよ

自分を
怠けさせない
環境を作るには
お店候補
A ○△コーヒー
B 口島珈琲店
描きたいとき
C ☆☆カフェ
気分転換
お楽しみ（新メニュー）
どこにも行く
細かく仕事を分類して
今日は何をするかを
明確にして
今日は
○○に行って
△△をしよう！
それに合った
環境づくりをすること

そう思うと
私の場合
週の半分くらいは
午前中外に出た方が
より心地よく
仕事をできるのかも
あと集中したら
7時間も必要ない日も
あるなあ…
意外！
トライ
アンド エラー！
またひとつ
自分なりの
タイムコーディネートに
近づけたかも

外に出てみてよかったこと（番外編）

帰り道に本屋さんによってアイデアを膨らませたり

新しい文房具を買ったり

生活に新しい刺激が加わったこと

たまに電車に乗ったり

そもそも出かけること自体が少ない運動不足の私には

日を浴びること

外の空気を吸うこと

自転車に乗ること

こんな些細なこともよい刺激になった

逆にデメリットはというと

…

ついつい予定外のお金を使ってしまいがちなこと

飲食

1000

文房具

パン

本

ここは要改善…

6話のまとめ

① やりたいことが**はかどる状況**を
細かく分析してみる

② ダラダラ**時間を溶かして**しまう
理由を分析してみる

③ **人は怠ける動物**なので、
言い訳できない**環境**を作る

ワーク④ 自分にとってベストな環境を分析しよう!

外に出るか出ないか考えているだけで
時間がなくなったり面倒になってくるもの…
リスト化されていると行動しやすいですよ!

場所	何をする?	家からの距離

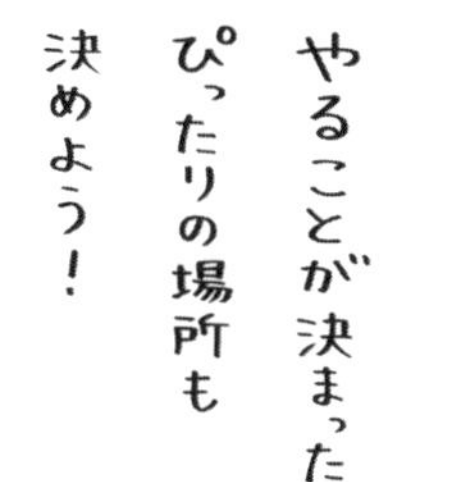
やることが決まったら
ぴったりの場所も
決めよう！

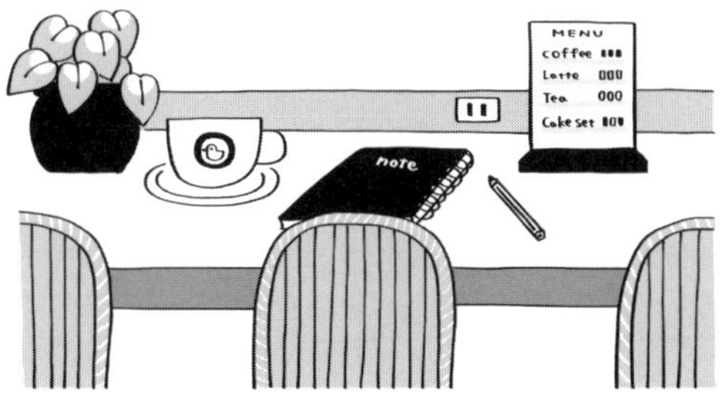
MENU
coffee
Latte
Tea
Cake set
note

第7話
それぞれのタイムコーディネート①
MEMO
MEMO

脱抱え込み！
完璧主義の優等生
F岡さんの場合
私はもともと
結婚したら
家も子どもの世話も
完璧にやりたかったので
ママだいすき！
3人の子ども
家事全般
パパ
「全部やる！」を
なかなか
手放せなかったです
全部やる…
仕事もやると
決めたからには
さらに「完璧に」を
目指してました
すごい…
子どもの頃から
夏休みの宿題とか
しっかり計画を立てるのが
得意だったので
やろうと思えば
全部やれる！
って漠然と
思っていたんですよね
夏休みの計画
8/31
Perfect!
OK!
ドリル
絵日記
おお〜！
私は全然
計画通りに
やれないタイプ
だったので
プリントがみつからない…
ぐちゃ…
アイス
ダラダラ
F岡さんの
ような方なら
バッチリ
計画的にしっかり
やっていけそうですけど…
あはははは
違ったん
ですか？
はい

夏休みの宿題って
うまいこと
考えられていて…

毎日このくらいやれば
ちゃんと期間内に
終わるっていう
適正な量なんですよ

ほ ほう…

そんなふうに考えたこと
なかった…
毎年溜め込んでいたから…

でも
仕事や家事育児は
全然違ったんです

休みなく次々と
舞い込んでくるし

何も考えずに
目の前のものから
取り組んでいくと

やってもやっても
終わらない
無限ループ…

2人同時
発熱…

買い物

みて
みて

ステキ
だね!

それなのに
自分はやれると
思い込んでるから

片っ端から
やるしかない!

やれば終わる!
やるしかない!

ママ〜

…って
もうすべて
抱え込んで
ましたね〜

そうなると
やっぱり
苦しくなっていく
のでしょうか
深い頷き
コク
コク
冷静に
自分のキャパシティーと
1日は24時間しか
ないことを考えたら
やれるわけ
ないんですよね
でも
それに気づかず

毎日何かしら
「できていない」
自分を責めてました
チク
できてない
まだ努力が
足りないのかも…
チク
できてない
「今日もできなかった」が
続くとしんどいですよね

それで
タイムコーディネートを
やってみようと
思ったんですか？
そうです！
洋服を選ぶように
時間をコーディネート！
タイムコーディネートを
始めてからも
最初は
ひとりで頑張るのを
やめられなくて

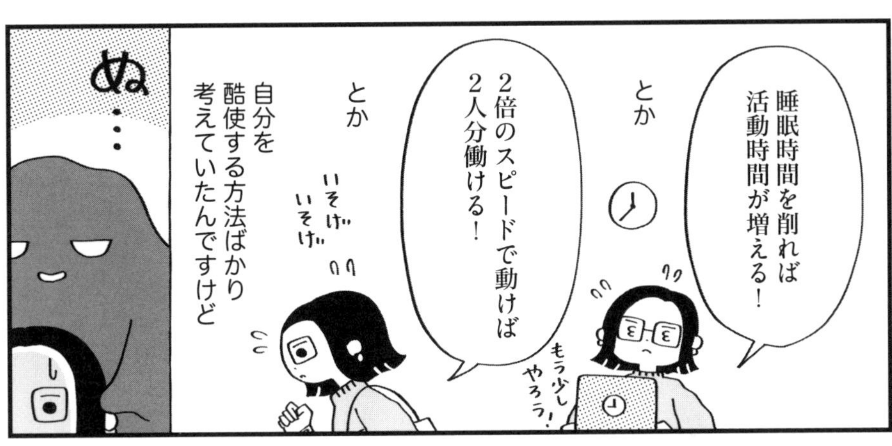
睡眠時間を削れば
活動時間が増える！
とか
もう少しやろう！
2倍のスピードで動けば
2人分働ける！
とか
いそげ いそげ
自分を
酷使する方法ばかり
考えていたんですけど
ぬ…

家事も子育ても
ちゃんと
やりたいんだよね？
専業主婦のままでも
やっていけるのに
仕事もしたいん
だよね？
じゃあ苦しくったって
やるしかないよね？
…ね!?
ずし…
ヒーン
自分を追い詰める
声が聞こえてきて
忍耐
根性
わかる
気が
します…

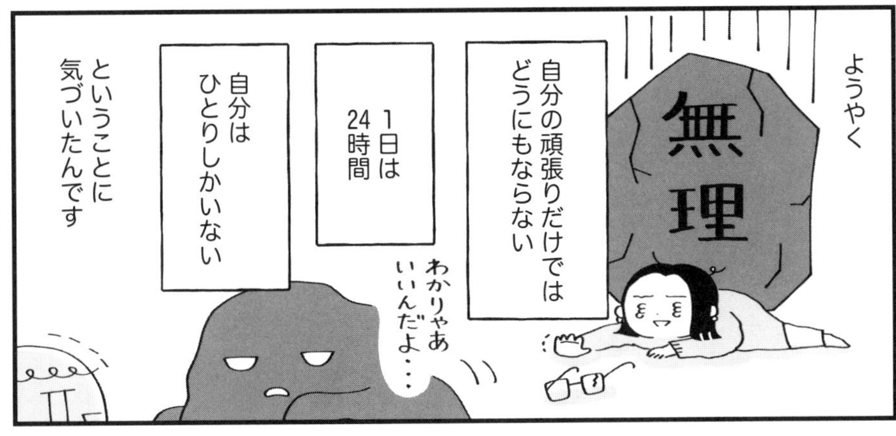
ようやく
無理
自分の頑張りだけでは
どうにもならない
1日は
24時間
自分は
ひとりしかいない
ということに
気づいたんです
わかりゃあ
いいんだよ…

そこから
どんなふうに
変化していったん
でしょうか
まずは
①
自力では
どうにもならない
ことがあることを
認めることから
始めました
無理
そこが大きな
一歩だったんですね
はい
意外とここを
認められない人が
多いような気がします
自分だけで
なんとかしようと
無理をしちゃう・・・
②
次に
自分がやりたいことを
書き出していきました
書き出すと
自分の本音が
見えてきますよね
そう
そう！
そうしたら…
やっぱり私には
仕事をしていても
「母」である時間や
「妻」である時間が
大事なんだなって
気づきました
あれ？
そうなると
仕事は…

「仕事」もあきらめませんよ
もちろん！
「母」も「妻」も「仕事」も
③ 中身を選べばいい
と気づいたんです
中身を選ぶ…？
ぼんやり捉えていた
仕事の中身
お母さんの中身
妻の中身
これを細かく分析して選び取っていくんです
虫メガネで見るみたいに
Wife
Mama
Work
これは苦手…もっと上手な人にお願いしてみよう
これはそもそもやらなくてもいいのでは？
こっちは…
細かく書き出すことで取捨選択ができるようになりました
それが「手放す」につながるんですね！
そうです！

私は抱え込みがちなタイプだとわかったので
ぎゅ
「手放しリスト100」というのを作って記録してみたりもしました
手放しリスト
100
向き合い方も徹底してる！
その結果
細かく書き出して自分と向き合う
自分の中の思い込みやモヤモヤに気づく
優先度の低いことに力を注いでいたことに気づく
かなり手放しやすくなりました！
例えばどんな手放しがあったのでしょう？
そうですね例えば…
絆創膏…
絆創膏？
これは「母親としてやらねば！」という思い込みについてですが…

子どもがケガをしたときは

いたいの
いたいの
とんでいけ〜!

毎回やってあげる

エーーン

いつでもやさしく
絆創膏を貼ってあげて
いたんです

でも気づいたら

ねえ
ママーー

たいした傷でなくても

ママ
貼って!

ねえ
ママ!

子どもたちが
それを欲しがるように
なってきて…

痛い

いたいの

貼って!

ねえ
ママ!?

いたいの
とんでけって!

ものの数分だし
しんどい!ってほどじゃ
ないんです

全然できる

やってあげたい

いたいの
いたいの
とんでいけ〜

でも
ジワジワと

私だけに
言ってくるなあ

もやあ…

そんな傷で
絆創膏使う…?

小さな負担や不満が
積み重なっている
ことに気づいて…

ママ〜

貼って!

ねえ

ねえ!

傷が治る仕組みを説明し始めて

血を止めるには…

へえ〜

それでそれで?

乾かすことの大切さと資源(絆創膏)の大切さを学んで…

パッタリなくなったんですよ!

…

出番激減!

私は母や妻という役割に関して固定観念を持っていたので

夫 手伝うよ

NO!

夫をキッチンに立たせるわけにはいかない!

母親は常に太陽のように笑顔でいなくちゃいけない! とか…

ほかにもいろんな思い込みがあったのですが…

たびたび現れる小さなサインをキャッチしながら

違和感

我慢

不安

ひとつひとつ解決してきました

今も日々実践中です!

抱え込まずに正直に気持ちを伝えると

もう終わったよ

あっ ありがとう!

勝手にムリだと思ってた…

ママできたよ〜!

わ!すごい!

夫や子どもも意外とサッとできたりして

ひとりで抱えてるときは見えてなかったんですけど
いざ打ち明けてみると
それ得意！
たのしいよ
自分よりうまくできる人や楽しんでやってくれる人がいたんだなあってわかりました
仕事も同じで任されたものは全部自分がやらなければと思いがちですが業務を虫眼鏡で細かく分けていくと
これは違う人に任せられるな
得意な人に聞いてみよう
これはそもそもいらないかも
逆に誰かの仕事でも
これは得意なのでできます！
と言えるようにもなりました
なんだかよい循環ですね！
すてき！
ふふふ

自分が
心地よさを大事にできる
ようになったからか
今は
周りの人に対しても
そうあってほしいと
心から思いますし
人生のハンドルを
自分がちゃんと
握っている感じがします
ブレるときも
ありますが
心地よさを
まんなかに！
すぐに自分の軸に
戻ってこられる
ようにも
なりました！
わくわく…
私も
手放しリスト100
作ってみたいな
F岡さん
ありがとう
ございました！
一緒に
タイムコーディ
ネートして
いきましょう！
手帳

7話のまとめ

①「できてない」自分を責めない

② どの役割も諦めないためには細かく中身を選ぶ!

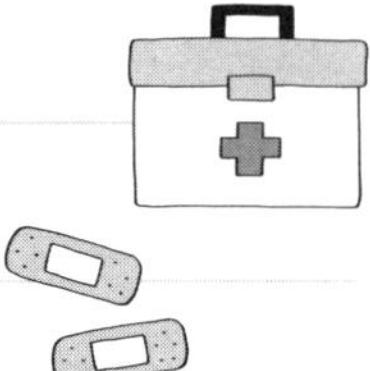

③ 手放せるものを見つける

第8話 それぞれのタイムコーディネート②

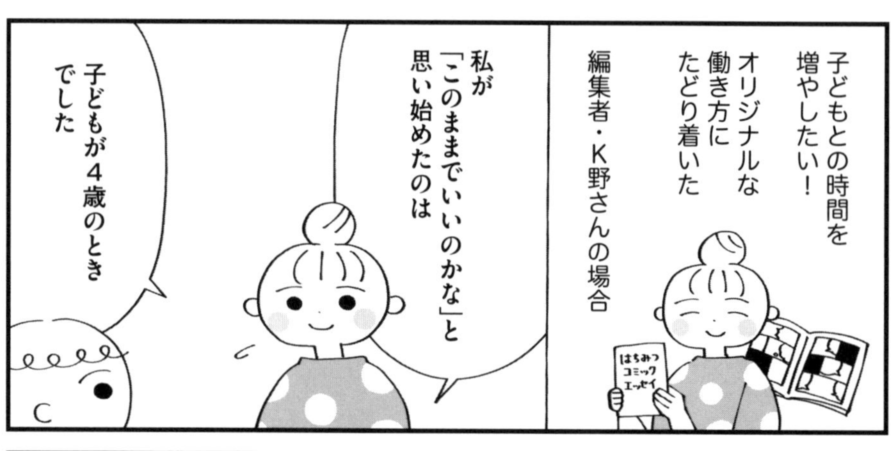
子どもとの時間を
増やしたい！
オリジナルな
働き方に
たどり着いた
編集者・K野さんの場合
はちみつ
コミック
エッセイ
私が
「このままでいいのかな」と
思い始めたのは
子どもが4歳のとき
でした

もともと保育園には
子どもが1歳の頃から
お世話になっていました
送る
移動
8:30
会議
打ちあわせ
この書類
明日までだ…
おいしい
コーヒー買ってみた
お迎え
移動
18:30
いそげ
いそげ！
おふろ
ごはん
ねかしつけ
ワンオペ
全部盛り
毎日ずっと
バタバタで

共働き家庭だと
そうなりますよね
ね～
そうなんですけど…
お迎えに行ってから
寝かしつけるまでの
子どもとの時間を
はいごはん
食べよ
はい
お風呂
はい
はみがき
私はひたすら
流れ作業のように
こなしていました

早く終われ
早く終われ…

※ただし決してスムーズにいかない

☑お迎え ← ☑買い物 ← ☑ごはん作る ← ☑食べさせる ← ☑お風呂 ← ☑歯みがき ← ☑寝る

イライラ
かーちゃん
たべない
か〜ちゃ〜ん
もうムリ…

どれも義務的にこなして

ワンオペ　フルマラソン

子どもの話も
適当に聞いた

かーちゃん
みて！

ん？
はい
はい

ハア…

洗濯もの

思い通りに進まないと
イライラして
怒ってました…

も〜〜
いいかげんに
して!!

でもある日

かーちゃん
みてみて！

あ
どんぐり
ひろったのー？

よかった
ね〜

…

私今
この子の目
見てた…？

今日
だけじゃない…
昨日も
おとといも
その前も…
はいはい
…
ワンオペ
なんだから仕方ない
じゃん
最低限の子育ては
やってるよ
そう言い聞かせて
きたけど
こんな生活じゃ
子どもにも
自分にも
向き合えない
私…
このままでいいの？
かーちゃん
これ
よんで！
ねえ
だいすき
だよ
あ〜そぼ
ねえねえ
かーち
かーち
もっと子どもとの
「今」を大切にしたい…
スマホでの
写真でしか
子どもの可愛さを
実感できないって
なんなの？
そんなことが…

同時期に たまたま郊外に引っ越しをしまして

さらにバタバタ

引越しセンター〜

わお！

環境は気に入ってるのですが入れそうな園が限られて…

家から一番近い幼稚園を選びました

保育資料

送り迎えも安心!!

幼稚園…

働いているとちょっとハードル高そうなイメージです！

たしかに…

保育園と比べたらやっぱり親がやることは増えましたね

悩みました

でも保育園と雰囲気が似ていて延長保育もあったので

制服ナシ！♪

あそび中心（勉強なし）

なんとかなるかなあと思ったのと

ドキドキ

信頼できる幼稚園だったので子どもも私も成長できると思いました！

うれしそう

わあ！よかった！

おはよ〜！

なので この幼稚園に通い出したことが

さらに子どもと向き合う大きなきっかけになりました

○○幼稚園

というと…？
子どもとの時間を
強制的に
増やせたんです
ゑ"ぇっ！！
一応延長保育は
18時まで預かって
もらえるんですけど
16時を超えると
預けられている子の数が
一気に減るんですよね
そういうのもあって…
ねえ
かーちゃん…
もっとはやく
お迎えにきて…
一瞬固まったんですけど
今度はその声に
ちゃんと応えたいと
思って
わかった！
まずは
子どもが希望した
14時にお迎えに
行きました
ぎゃ

お仕事は
大丈夫ですか…？
はい！
今も
続けられています
それが
できたのは
新型コロナ感染者〇△□人
コロナ禍を機に
在宅ワークの
設備が整い
社会や会社が
柔軟に働くことへの
理解が広まったこと

とくに
私が働いている会社は
フレックスタイム制だったので
子育てしながら
働く身としては
とても助かりました
本当に
世の中が
変わりましたよね
うん
うん
この流れで
もっともっと
柔軟に働けるように
なってほしいです

そして
もうひとつは…
タイム
コーディネート
あ！
ここで!!
やっほ〜
吉武さん
タイム
コーディネートの
考え方を
取り入れたことで
子どもとの時間が
しっかり取れて
仕事もできるように
なったんです

まずは頭ごなしに「できない」と決めつけないで
どうすれば14時にお迎えに行けるか？
を考えてみました
13時半には仕事ストップ
おやつの時間は…
どこかで2時間捻出できる…？
そしてタイムコーディネートの基本である睡眠時間を確保してみて
目指せ7時間睡眠
0
sleep
4
6
9
仕事
12
14
21
sleep
24
子どもと寝ちゃえば4時に起きられる！
家族が起きてくる7時まで3時間あるので
4
5
仕事
6
自分
7
2時間は仕事
1時間は自分のために使うことにしました
朝ってすがすがしい…
あとはお迎えに行った後の仕事内容を考えて
あ〜け〜て〜
はいはい
なんだかんだで手は止められるので…
じっくり考える系の仕事は午前中
作業的な仕事は午後へ
打ち合わせはどうだろう？と考えました
テレビ通話とかしてると必ず子どもが入ってくるので絶対午前にしかやらないって決めたりもして
あれ和みますよね〜人の家だと全然気にならないんですけどね

案外子どもと
話し合うこともできたんですよね

今日は早くお迎えに
行けるんだけど
会議のときには
話しかけないで
ほしいんだ

できるかな？

パソコンで
お話ししてる
とき！

うん！ できるよ！

！

ありがとう！
助かるよ〜

子どもの気持ちを
受け止めることで
子どもも私の気持ちを
受け止めてくれるように
なった気がします

信頼

頭ごなしに
ダメと言わず
やり方を考えて
相談することに
したからかも？

なるほどっ！

前だったら
無理矢理連れて
いったり
してたんですが

ごめん
仕事なんだ

○△×保育園

行きたくない
理由を聞いたり

行かなくても
いいけど
こうしてほしいって
いう話も
できるようになったりして

できる？

うん

もちろん
うまくいかない日もあったけど

今度はできそう？

幼稚園でお友だちと
遊んでる方が
いいんじゃない？

話していくうちに
本人が頭で考えて
選択できるようになったりして

今では

幼稚園で
お友だちと
遊ぶから
大丈夫〜！

がんばってね〜！

ありがとう

毎日16時〜17時のお迎えに
落ち着きました

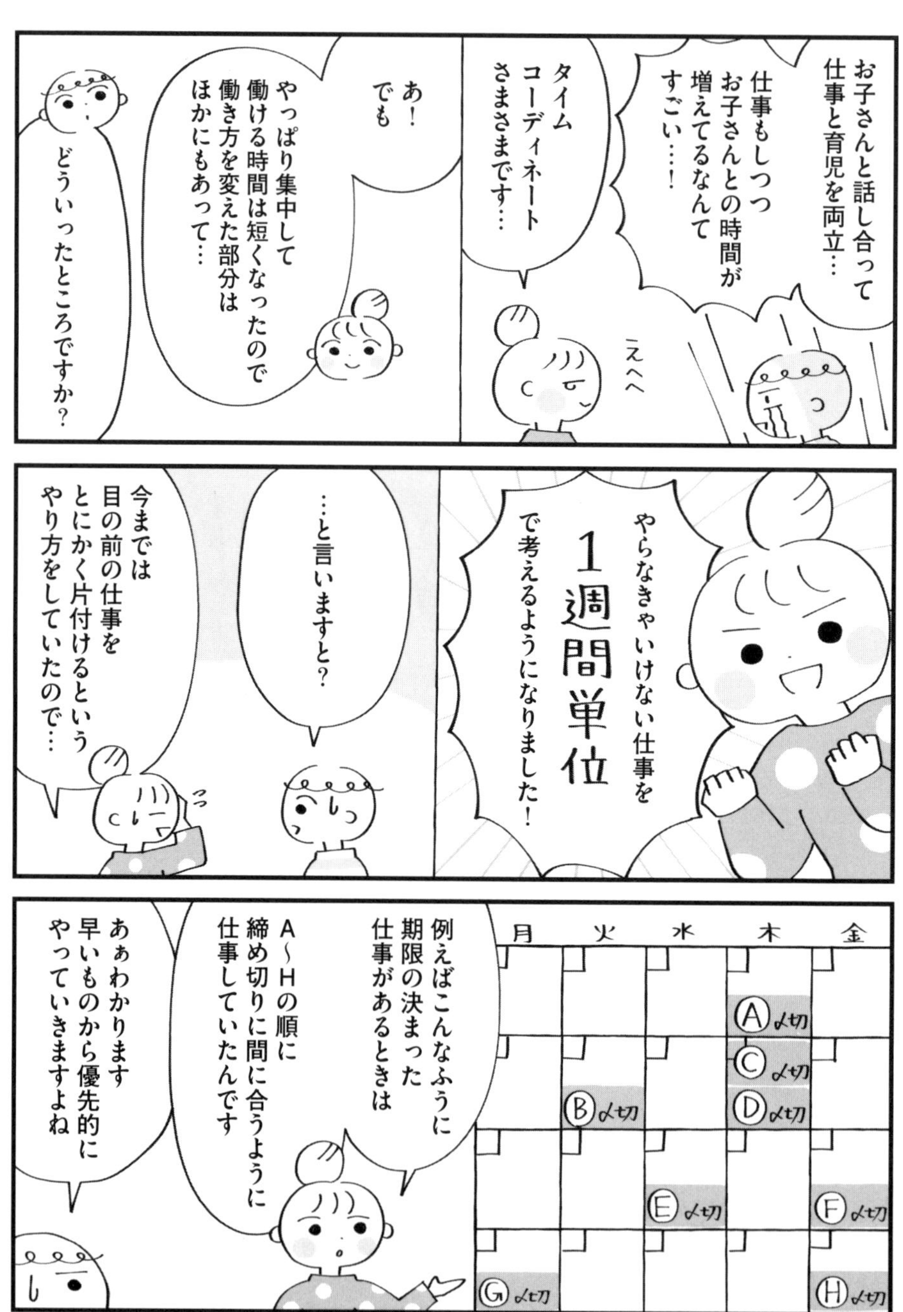

お子さんと話し合って仕事と育児を両立…
仕事もしつつお子さんとの時間が増えてるなんてすごい…！
えへへ
タイムコーディネートさまさまです…
あ！でも
やっぱり集中して働ける時間は短くなったので働き方を変えた部分はほかにもあって…
どういったところですか？
やらなきゃいけない仕事を
1週間単位
で考えるようになりました！
…と言いますと？
今までは目の前の仕事をとにかく片付けるというやり方をしていたので…
月
火
水
木
金
Ⓐ〆切
Ⓑ〆切
Ⓒ〆切
Ⓓ〆切
Ⓔ〆切
Ⓕ〆切
Ⓖ〆切
Ⓗ〆切
例えばこんなふうに期限の決まった仕事があるときは
A～Hの順に締め切りに間に合うように仕事していたんです
あぁわかります早いものから優先的にやっていきますよね

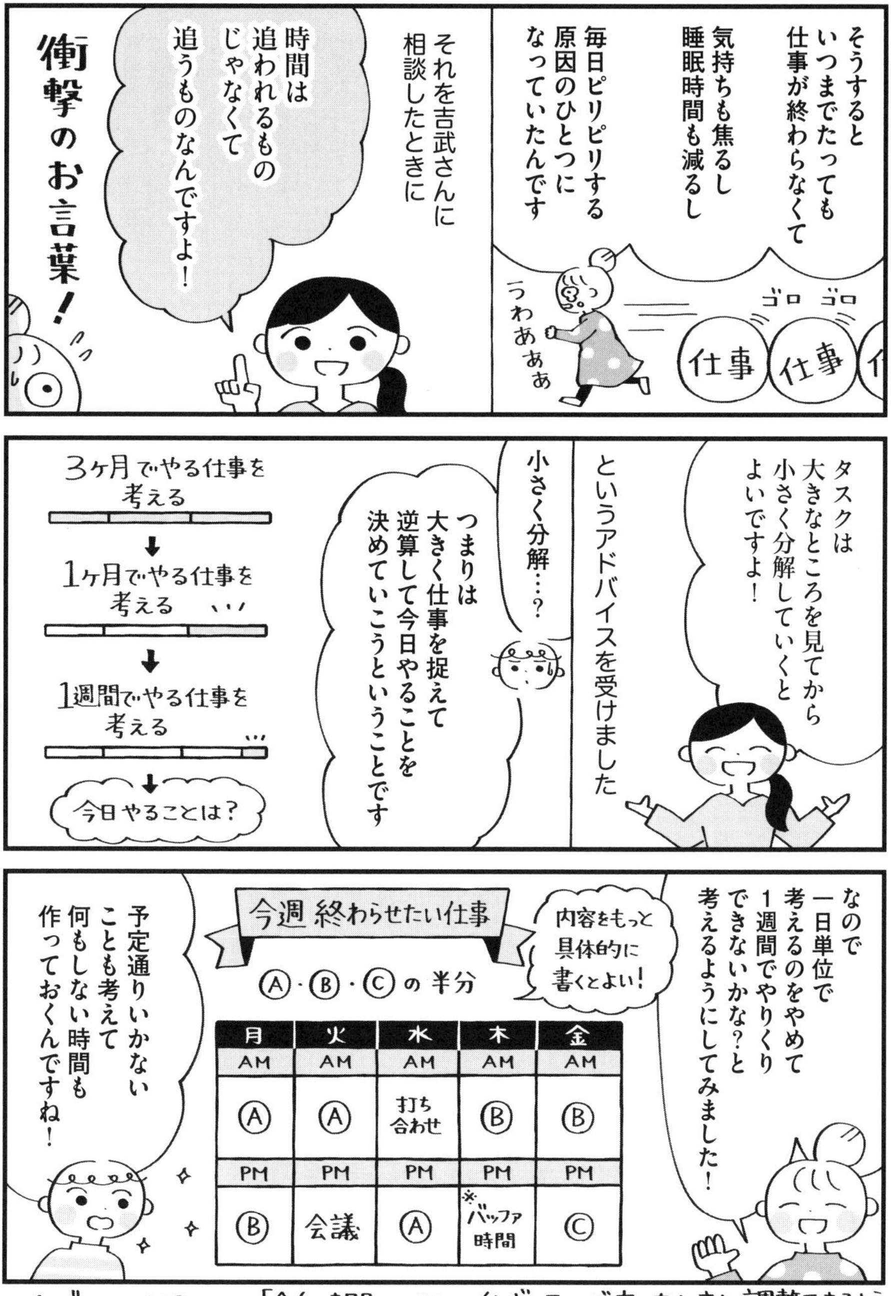

月	火	水	木	金
AM	AM	AM	AM	AM
Ⓐ	Ⓐ	打ち合わせ	Ⓑ	Ⓑ
PM	PM	PM	PM	PM
Ⓑ	会議	Ⓐ	※バッファ時間	Ⓒ

※バッファ時間とは…「余白時間」のこと。イレギュラーがあったときに調整できるよう あえて何もしない時間を確保しておく。

そうなんです！
毎日がギリギリじゃなくなるので
心の余裕が生まれて
1週間のスケジュールをひとつひとつ達成していく喜びと満足感が生まれるようになりました
できた
できた
できた
今までどれだけ行き当たりばったりでやってたんだって話なんですけどね…
私も日々をこなすことにいっぱいいっぱいいっぱいなのでわかります…
ほかにも…
一日に打ち合わせを3件以上入れるとダメだってことに気づいたりもしました
それはどうして？
疲れて集中力がなくなるんですよ
3回目なんて相手にも悪いんで…
2件入ったらその日はもうブロックできるようになりました
小さな発見の積み重ねなんですね！
ですね！
あとは以前は手帳はマンスリーしか使えなかったんですが
ウィークリーで1週間の計画を立てたり
今ではバーチカルまで使うようになったんです

すすごい！
手帳マスターに！

もうマンスリーだけの
手帳では生きていけません

あとは
ぼーっとしていた5分10分で
メール返せる！って思えたり

アナログ時計を
あえて10分早めて
使っていたのを
やめて

ぼんやりしたのが
気持ち悪くなって…

今はデジタル時計が
好きになりました

K野さん
めっちゃ
変わってる！

でもまだ思い通りに
いかないことも多くて
課題は山積みなんですけどね…

タイムコーディネートを
知らなかったら
根性だけで取り組んで
後悔してたかもしれないので

この本が
たくさんの人の
時間の使い方を
考えるきっかけに
なったらいいなと
思っています！

時間をコーディネート
するって
素敵な考え方ですね

改めて実感…

私も
やりたいことを
すぐ否定せずに
やれる方法を
まず考えてみようと
思います

うん
うん

K野さん
ありがとう
ございました！

8話のまとめ

① すぐにできないとあきらめず
「**どうしたらできるか**」を考える

② **大きなタスク**は**小さく分解**し、
逆算して**今日やること**を決める

③ 時間に追われるのではなく、
時間を追う気持ちで！

第9話 自分と作戦会議をしてみよう

その後…
集中
いって
きま〜す
メール返信
修正対応
はるさん
仕事の時間を
心地よく
過ごせるように
なりましたか？
はい！
おかげさまで
充実しています
それはよかったです！

想定外の出来事が
起こると
予定外の外出
PCの不調
夫の出張
子どもの発熱
自分の体調不良
仕事が一気に
押し寄せてきたり
ヴヴ〜
間に合うか…
予定が狂うことも
ありますが

先の予定を見ることで
大丈夫！ここで調整しよう
無駄に焦らないようになりました
ホ…
おぉ～！それも素晴らしい変化ですよ!!
へへ…

ところではるさんは「振り返り」ってやってますか？
振り返り…？
できたかできなかったかとかかな…？
やってますやってます！

やれると思ってたけどできなかった
まにあわない…
ここまで終わると思っていたのに終わらなかった
こんなはずでは…
見積もりが甘かった！
後悔…
いそげいそげ
まだまだダメだな～みたいな…
そういうのはしょっちゅうです

はるさん…
それは
反省会です！
STOP!
え…
振り返りって
反省会のことじゃ
ないんですか？
ノンノン
振り返りは
できたことを
確認して
小さな成功を
積み上げて
いくこと！
!!
私…
できなかったことしか
見てなかった……
安定のダメ出し
スタイルでした…
そうなりがち
ですよね…
でも
それをしていると
また自分を責めて
落ち込んで
しまいませんか？

「できなかった」と落ち込むよりも

今週はこれができた！

このタスクがここまで進んだ！

私 進んでる！すごい!!

という実感を得ることが大事なんです！

うまくいかなかった1週間だって

しょぼん

つんつん

小さくても前に進んでいる部分が必ずあるんですよ

ここはできてるよ

ほんとだ…

その小さな成功を見つけて

褒めて認めて労ってほしいんです！

今週もがんばった！

前にすすんでる〜！

え…なんか…

反省会より楽しそう…

さっそく今日から見方を変えてみませんか？

や…やってみたいです！

1週間を振り返るポイント

1. できたことは何だろう？
2. タスクの見積もり時間と、実際にかかった時間はどうだったかな？
3. スケジュールを入れた時間は問題なかった？集中できる組み立てだった？
4. 無理なく、心地よくできた？
5. もし次があるならどうやったらもっとうまくできそう？

全然責められていない！

できなかったことは
スケジュールの立て方が
ハマらなかった
だけかもしれない
次はこういうふうに
変えてみようよ！
今週できたこの部分は
最高だったね！
だから
来週も続けてみよう
…と考えると
また翌週も前向きに
過ごせそうじゃないですか？
たしかに…
できたことに
目を向けるって
つい忘れがちですね
メモメモ…
そう！
これができると
振り返りをする
できたことを
確認する
小さな成功が
積み上がっている
実感を持つ
自信につながる
好循環
どんどん身軽に
行動できるようになりますよ！

大切なのは
結果よりも
プロセスです！
プロセス
結果
例えばこんな感じで
しょうか？
今週終わらせたかった
仕事は
途中までしか
できなかったけど
保育園の
先生
お熱が
でています

子どもの
急な発熱に対応して
すぐに病院に
連れていくことができた
診察室
バッファ時間の
見積もりが
甘かったけど
それは事実として
受け止めつつも
責めることではないんだ

…とか？
そうですそうです！
お子さんが
大きな病気にならなくて
済んだこと
すぐに行動
できたこと
全部すごい！
よくやった～!!
なんですよ！

その経験から
これからの季節は保育園で風邪が流行るから
来週は少しバッファ時間を多めに作っておこう
before
after
次に活かせる作戦を立てればＯＫ！
前倒しできるものからやっておこう！とか
私…自分にダメ出しするのが癖になってたかもしれません
こんなにできてない！ってわざわざ確認しちゃうというか…
ダメ出し
常に満タン
でもどんなにうまくいかなかった１週間にも学びはあるんですね
そうですよ！
この振り返りはいつやるのがよいですか？
基本的には日曜日の夜がベストですね！
SUN
来週は…
振り返りつつ
今週の大まかな流れも決められるとさらによいと思います

週の終わりの
記憶が新鮮なうちに

その週にできたことを
確認して

次の週の
作戦を練りながら

次の1週間に
やるべきことへ
意識を向けると

月曜日に
よいスタートダッシュが
切れますよ

がんばれ!

がんばれ!

ワー!

さっそく
今日から
やってみます!

小さくてもできたことを見つけて

次はどうする?と自分と作戦会議をしながら

より心地よい時間を作っていきましょう！

GO!

フムフム

9話のまとめ

① 作戦会議で、**できたこと**を確認し
次はどうする?と対策を立てよう!

② **小さな成功**を見つけて、
自分を**褒めて認めて労わろう!**

③ 作戦会議は、記憶が鮮明な
日曜日に行い月曜日に
良い**スタートダッシュ**を切ろう!

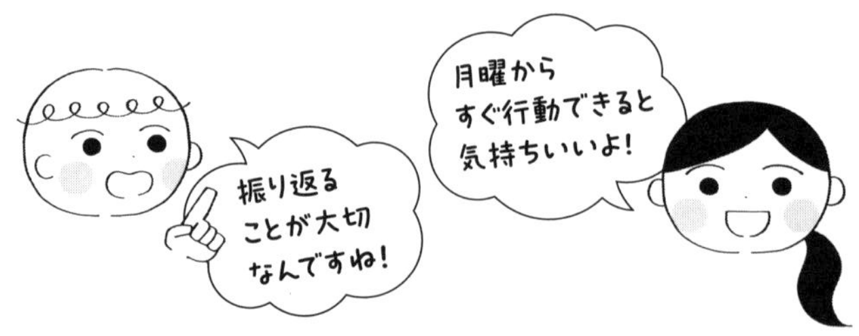

ワーク⑤ 1週間を振り返ってみよう！

どんな小さなことでも、できたことに注目！
次はどうしたらもっとうまくいくかな？と考えていきましょう！
No more　反省会！

① できたことは何だろう？

② やることの見積もり時間と、実際にかかった時間はどうだったかな？

③ スケジュールを入れた時間は問題なかった？集中できる組み立てだった？

④ 無理なく、心地よくできた？

⑤ もし次があるならどうやったらもっとうまくできそう？

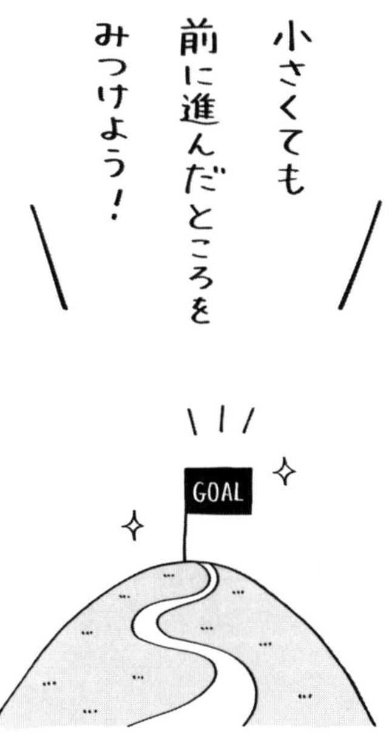
小さくても
前に進んだところを
みつけよう！
GOAL

第10話 時間をうまく使えている状態って？

タイムコーディネートを始めて数ヶ月しか経ってないけど
意識はかなり変わった気がする…
どのあたりが変わりましたか？
吉武さん！
そうですねやっぱり自分の「心地よさ」で判断する部分でしょうか…
心地よさ
まだうまくできないこともありますが
これ心地よい？
と問う癖がついてきたように思います
うんうん！いいですね!!
自分が時間をうまく使えているかどうか簡単にわかるポイントがあるんですよ
知りたいです！
それは…

自分との約束は守れているかどうか

じ…

自分との約束！

ドキ

そう！

人が関わる約束は「守ろう！」という意識が生まれやすいと思うんですが

自分との約束はついつい気軽に破っちゃいませんか？

たしかに…

よみがえる記憶…

人が関わるとよくも悪くも頑張れたりしますけど

自分が決めたことって

アレやろう

ア…こんにちは…ハイ…ハイ

わかりました

アレ…できてないけどまあいいか…

アレやろう

守らなくても誰にも迷惑かからないし後回しに…しが…

ぢイイイイイ

どうしました？はるさん

!?

なんというか…
急なんだけど…
「自分との約束」って言葉を変えるだけで
わかりましたすぐやります！
約束を守れない自分がかわいそうに思えてきました…
この人との約束はどうでもいい
ってことですもんね…
グサ
自分のことも大切にしてあげたいって思いません？
思います……！
ごめん自分…
大丈夫！今気づけたのだからここも変えていけますよ！
しかも「自分との約束」って未来を左右する分かれ道になることも多いんです！
そっち
あっち
未来を左右する分かれ道？

例えば…時間ができたらこれをやるぞ～と思ってることとかありますか？
いつか描きたいマンガがあります！
仕事でもないですし期限が決まってるわけでもないけど
隙あらばキャラクターや設定を考えたり
いいですね！
取材にも行きたいなあとか…
でもそれせっかくやりたいと思っていても
いつ
When
やるのかを自分が決めないと
永遠に取りかかれない可能性が高いです
もったいない！
あ゛～～～
耳が痛い！
あっという間に1年2年…すぎていくんですよね
じゃあとにかく先に予定を入れちゃう？
もや
もや
あ～でも頭では理解できても実行する勇気が…
もや
もや
ふふ最初は難しいんですよね～
私がそういうときにやっていたのは…

実行する日を決める
5
4
5
実行する日を決める日…？
実行するかどうか決める日を決める…？
キ
そうです！
ふふ
きっとそのマンガを描くことへの迷いや葛藤があると思うんですけど…
そんな時間ある？
収入につながらないかもしれないよ？
などなど
5/30
決定
この日にどうするか決める！
と決める
そうしたらその日までに
なんでこのマンガを描きたいのか
時間は？収入は？
など考えて迷いや葛藤を減らしていきます
もちろんそれを考える時間もスケジュールに組み込んでいきます
5/1 14:00 ー 15:00 など
14 考える時間 15
考える時間をわざわざ作ることが大切なのか…
そして決断の日を迎えて最終決断をします
5/30
マンガを描く
Docchi？
マンガを描かない

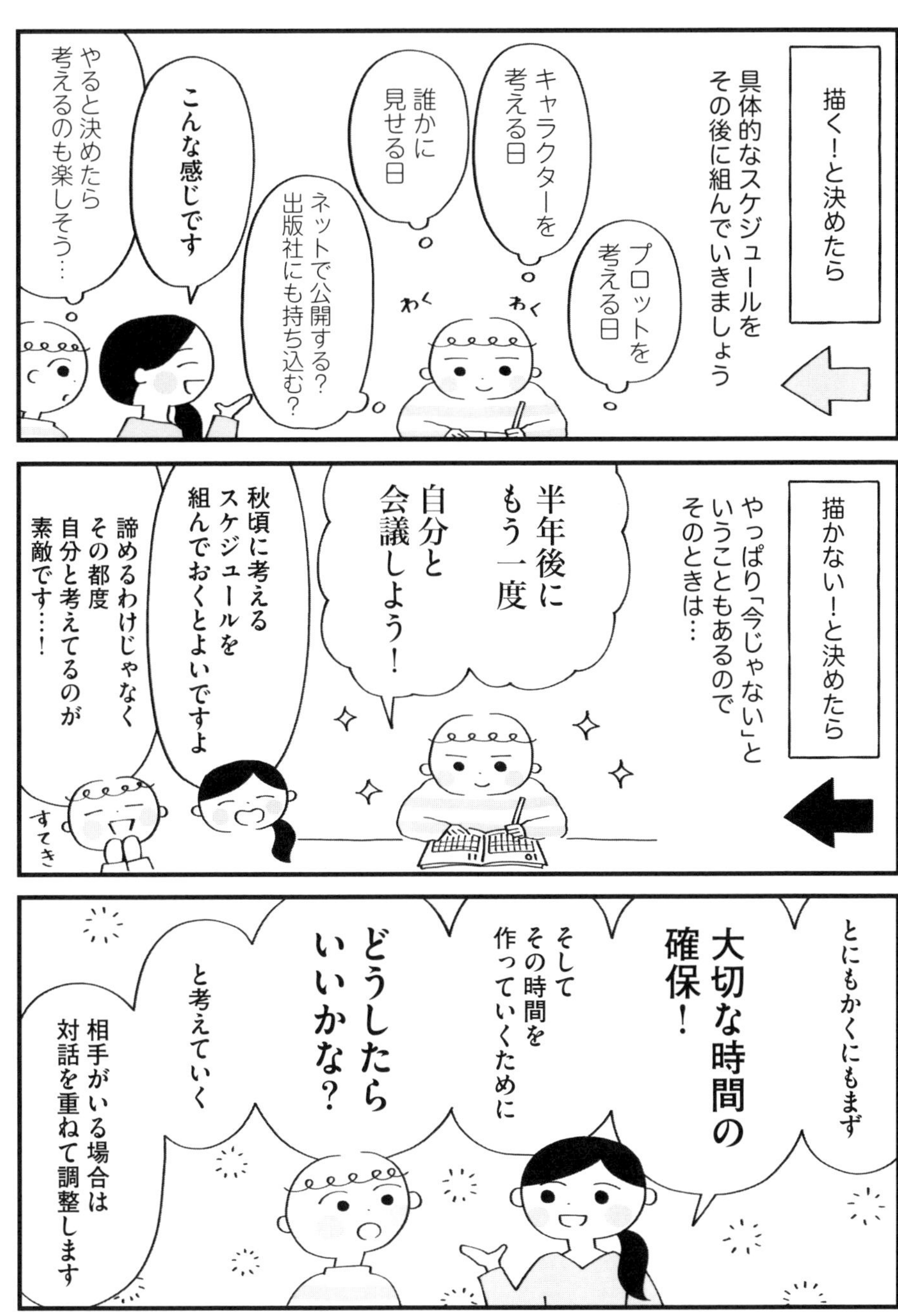
描く！と決めたら
具体的なスケジュールを
その後に組んでいきましょう
プロットを
考える日
キャラクターを
考える日
誰かに
見せる日
わく
わく
ネットで公開する？
出版社にも持ち込む？
こんな感じです
やると決めたら
考えるのも楽しそう…
描かない！と決めたら
やっぱり「今じゃない」と
いうこともあるので
そのときは…
半年後に
もう一度
自分と
会議しよう！
秋頃に考える
スケジュールを
組んでおくとよいですよ
諦めるわけじゃなく
その都度
自分と考えてるのが
素敵です…！
すてき
とにもかくにもまず
大切な時間の
確保！
そして
その時間を
作っていくために
どうしたら
いいかな？
と考えていく
相手がいる場合は
対話を重ねて調整します

この一連の流れを
自分にとっての
ベストバランスを探りながら
時間をコーディネート
していくのが
集中
ラララ…
フリーランスの現状
家族の予定
育児
体調不良
仕事
積み重なった寝不足
パァァァ…
タイムコーディネートです！
私にできるでしょうか
今ももう十分できてますよ！
ただ…
これから先も状況は変わっていきますよね
そうですね
ずっと同じではいられないし
誰もが平等に年を重ねていきます
昔はできていたことが少しずつできなくなっていくかもしれない

お子さんも
どんどん成長していくし
手がかからなく
なるところもあれば
逆にもっともっと
向き合うべき場面も
出てきます
今と同じやり方が
数年後の自分に
合ってるかは
わからない
お仕事だって
突然休む暇もない
くらいの
オファーがきたら
どうします?
えっ!
めっちゃ
嬉しいです!
けど…
今のままだと
無理をして体を
壊してしまうかも…
関わる人が
多くなればなるほど
自分の心地よさを
真ん中に置けるか
不安もあります
ハイ!
わかりました
できます
もちろん!
そうですよね
今のうちに
自分の心地よさを
大切にしながら
選択していくことを
身につけていれば
そういった
ケースにも
きっと対応して
いけると
思いますし…
常に
トライ&エラーで
「今」の自分に合わせて
コーディネートしていけるのが
理想です!

吉武さんもトライ&エラーしてるんですか?
もちろんです!
はじめての仕事だとどれくらい時間がかかるのか読めないので
やりたい!という情熱で突き進んで無理をして
終わった瞬間に熱を出して寝込んだこともありますよ★
え!
意外!
もう完全にタイムマスターだと思っていました
ふふふ
私もその都度タイムコーディネートし直してるんです
これから先も夢ややりたいことがたくさんあるので!
わあ…
吉武さんの夢って聞いてもいいですか?
いろいろありますが
大きな夢のひとつは…

子どもたちに
タイムコーディネートを
知ってもらうこと！
時間に追われるのではなく
自分の心地よさを
大切にして

時間を
コーディネートしていく
ことを知ってもらえたら
楽しく生きる
ヒントになるんじゃ
ないかなって
思っています
素敵！

私も
子どもたちにも
心地よさを大切にして
生きてほしいです
ねっ！
そのためには
まず
大人から変わって
いきたいですよね！

そっち
あっち
自分を知っていくことで
「今」を変えていけたら
「未来」は変えられます！
自分だけの
タイムコーディネートを
身につけて
息切れすることなく
目標に向かえたら
きっと
人生って
もっともっと
楽しくなります！
そうですね！
私も前より
毎日を楽しめています
まさか
時間が欲しいという悩みから
人生や生き方を
考えると思わなかったけど
今すごく
充実しています
ポ
ポ
ポ
それです！
それが「心地よい」と
いうこと！
限りある
時間の満足度を上げる
コーディネートを
これからも
自分と一緒に
作り上げて
いきましょう！
はい！

10話のまとめ

① **自分との約束**が守られているかどうかで、**時間がうまく**使えているかがわかる

②「**実行する日を決める**」ことで**先延ばし**を防げる!

③ 常に**トライ&エラー!**「今」の**自分に合わせて**考え直していく

自分との約束、
守れていますか？

番外編

これって心地よさ？ わがまま？

心地よい時間が増えていくと♥
心に余裕ができて毎日が楽しくなる
ちょっとより道していこうか
よ〜〜し！
この調子でタイムコーディネートを続けていくぞ〜！
ハッハッハ…
…
…でも…
それってどうなの…？
え…？
母親なのに
育児中なのに
自分の時間を充実させて
自由な時間を増やすなんて
わがままじゃない？

ガーン
わがまま
ぐぇ…

これは世間の声?
それとも私の声?
家族を犠牲に
親なのに
自己満足なんじゃない?
わがまま
身勝手
いつか後悔する
たぶん両方だ

なんでだろう
自由になればなるほど
わがままなんじゃないかと不安になる
もや もや もや もや
ぎゅ

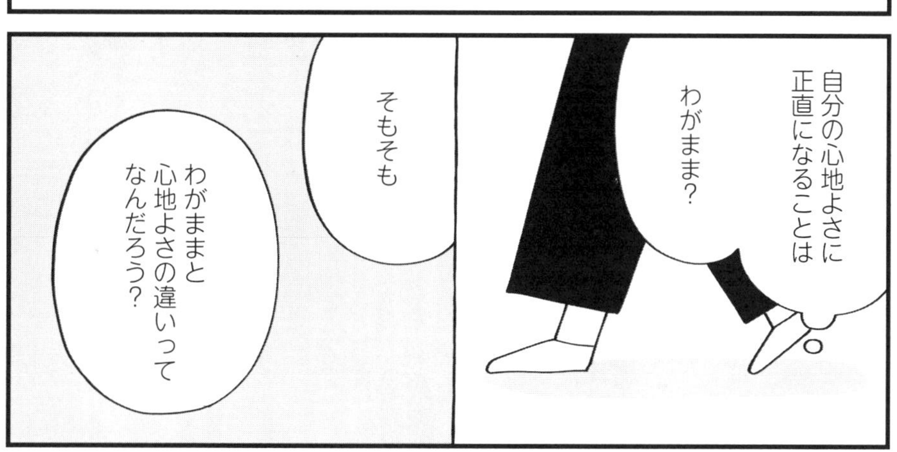

タイムコーディネートを
始める前は
あっちが
正解！
ほら立って！
行くんだよ！
えー…
私は
行きたくないよ…
だって
あっちは…
そんなの甘えだから！
みんなやってるから！
なんならもっと
みんな頑張ってるから！
自分と自分が
離れている感じだったけど
世間
ズルズル…
今はこんな感じ
私にとっては
こっちが
心地よいね
そうそう
次はどうしたい？
○○しようか
自分の心地よさを
真ん中に
置けるようになってきた
…
これって…
わがまま
なのかなあ
そんなこと
ないんじゃないの

夫

あなたが楽しそうなのは嬉しいし

私も楽しくやってるよ〜

趣味の釣りもまあまあ行けてるし

本当?

うん

まあ小さな不安や不満はあるけどね

釣り大好き

TSURI

不安や不満…例えばどんな?

ドキドキドキ…

外で仕事に没頭すると音信不通になること

集中

こっちはごはんの準備もあるから困るんだよね

わー!ごめんなさい気をつけます!

そうだよね

はーい

コーヒーありがと〜

こういう小さなことを我慢しないのって大事だよね〜

うん…

ハッ

パタン

「我慢」と
「わがまま」って
つながってる気がする
自分が我慢を
たくさんしている
人にも
我慢を強いる
「わがまま」だと
言いたくなる
思いあたることが
たくさんある・・・
人生は
我慢大会じゃ
ないのにね…
私もずっと
我慢してたし
それを美徳とさえ
おもっていましたよ・・・
相手の本音は
わからないことも多いし
お互いの不満を
100%解消することは
なかなか難しい
TSURI
どう感じているか
時間が経ってみないと
わからない
こともある
だっこ〜!
だけど
だからこそ
ひとりよがりに
ならないためには

自分とも
周りの人とも
対話を続けたい

私が自分の心地よさを真ん中において
チーム自分
手をつなげていれば
人ともつなぎやすくなる

そしてその人も自分と手をつなげれば…
チーム結成!
みんなが素直に自分の心地よさを追求できるようになるのでは…

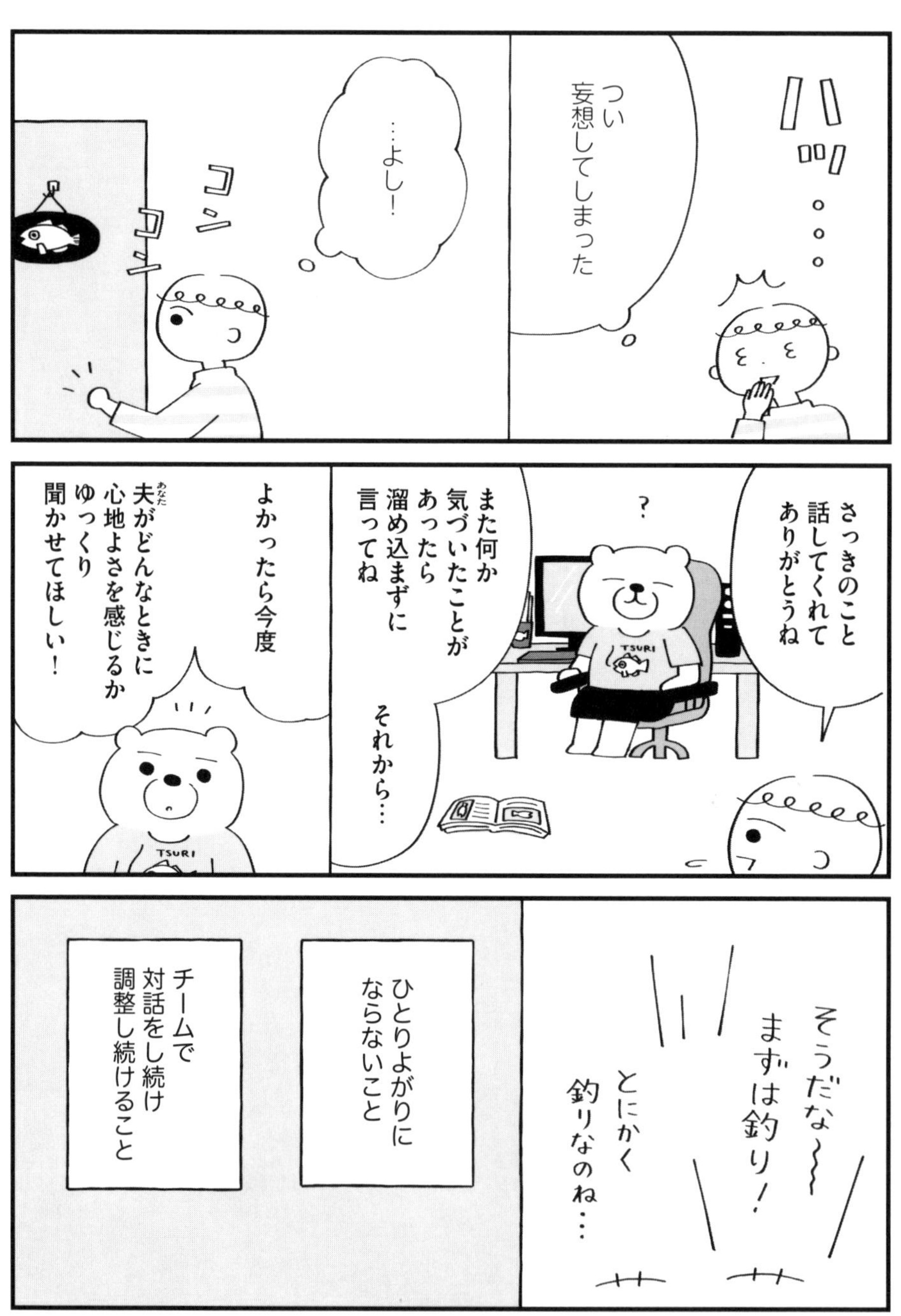
ハッ…
つい
妄想してしまった
コンコン
…よし！
さっきのこと
話してくれて
ありがとうね
？
また何か
気づいたことが
あったら
溜め込まずに
言ってね
それから…
よかったら今度
夫がどんなときに
心地よさを感じるか
ゆっくり
聞かせてほしい！
TSURI
そうだな〜
まずは釣り！
とにかく
釣りなのね…
ひとりよがりに
ならないこと
チームで
対話をし続け
調整し続けること

これがわがままと心地よさの違いになるんじゃないかと考えたのですが…
ど…
どうでしょうか?吉武さん!
そうですね
自分にとっての心地よさを知った上で
相手の心地よさと調整する
タイムコーディネートは決してわがままではありません!
心地よい時間の使い方も十人十色ですよね
自分の心地よさも周りの心地よさもお互いに尊重できたら
優しい社会になりますね!
本当ですね…

さあ、どんなふうに
時間を使っていこうかな？

エピローグ　時間と仲良くなれました

時間がない！

が口癖になったのは
育児と仕事が
同時に始まった頃からでした

慣れない育児に
コロナ禍や引っ越しも
重なって

ドン

new!

保育園入れなかった（一時保育）

引っ越し

仕事

仕事

コロナ禍

育児・家事

ヒィイイン

あはは

毎日が綱渡りで苦しくて
どうしようもないときに

タイムコーディネートを
教えてもらいました

吉武麻子さんと
いう方が
新しい時間術を…

え…
そんな
タイムリーな…

編集
カタノさん

やってみたい！

そして
今の生活を
なんとかしたい！

でも…

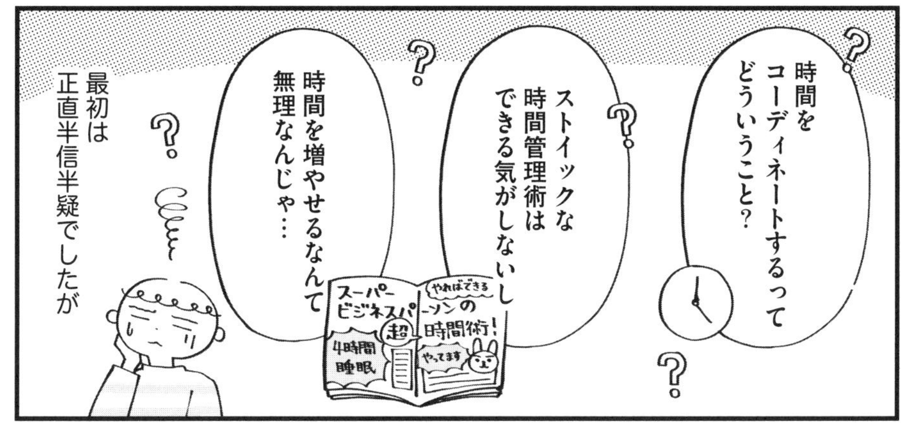

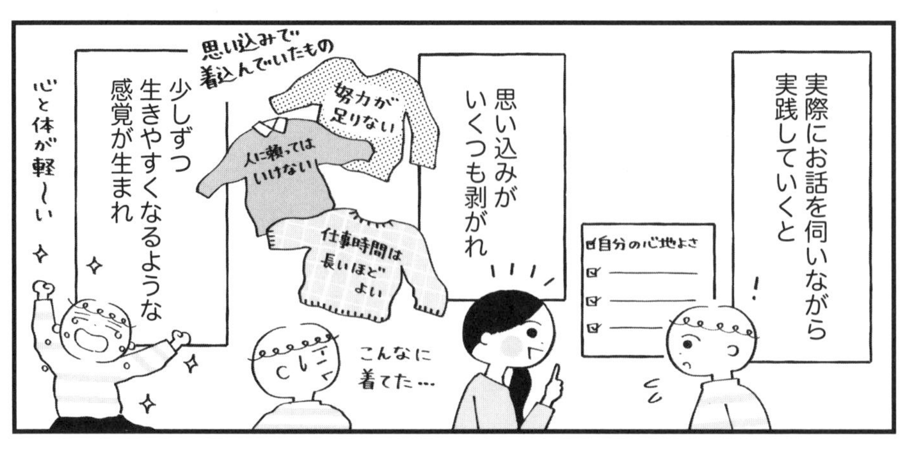
実際にお話を伺いながら
実践していくと
!
自分の心地よさ
思い込みが
いくつも剥がれ
こんなに
着てた…
思い込みで
着込んでいたもの
努力が
足りない
人に頼っては
いけない
仕事時間は
長いほど
よい
少しずつ
生きやすくなるような
感覚が生まれ
心と体が軽〜い

タイムコーディネートは
誰にとっても
実践しやすい
時間と仲良くなる方法であり
それぞれの
心地よいペースで
今は
ゆっくりいこう
あっちへ向かおう!
「どう生きたいのか?」を
常に問われる
真摯な取り組みだと
わかりました

自分の心地よさを
真ん中に置くことに
最初こそ
本当にいいの…?
ドギマギしましたが
今では
ここだけは
絶対に手離さないぞ!
ぎゅっ
心地
よさ
大切な軸になっています

まだまだうっかりすると
自分を置き去りに
してしまったり
終わらん…
つい無理をして
しまったりすることも
ありますが…
トライアンド
エラーな
日々…
時間に対しても
自分に対しても
前向きになったよね
毎日楽しそうだよ
夫
TSURI
相棒〜!
たくさん話し合えた
おかげだよ〜〜〜!!!
私も
やってみようかな
夢も
あるし
!
やろう〜!
時間の悩みを持つ
ひとりでも多くの方に
タイムコーディネートが
届きますように

あとがき

改めまして、タイムコーディネーターの吉武麻子です。

時間の悩みって尽きませんよね。
私も20代の頃から時間管理術の本を読んでは「よっしゃ!やるぞー!!」とモチベーション高く取り組むものの「こんなこと私にはできない…」と、よく挫折したものでした。
そんな自分に「いや、でもとにかく頑張ろう!!」とムチを打っては、努力と根性で走り続けた日々…。確かに、20代の頃は体力もあるし、自分のために使える時間も多いので、ガムシャラに頑張れたんですよね。

若い頃にいろんな経験をすることも大事ですし、実際、そのときの経験が自分の人生の土台にもなりました。必要なものだったと思います。
しかし、年を重ねれば重ねるほど、担う役割は増えてきますし、体力面でも昔と一緒ではありません。
10代20代前半のような時間の使い方を30代以降で続けていくと無理が生じるのは当然なのです。

本書の中で「自分の心地よさを軸に」という表現が多く出てきますが、その「心地よさ」は人によって定義が異なります。

楽しい=心地よいという人もいれば、ちょっと刺激的=心地よい、穏やか=心地よい、という人もいます。
まずは自分にとっての心地よさは何なのか?と思い描いてみてほしいと思います。
そして、どうしたら24時間を心地よく過ごせるのか?トライ&エラーで実践してみてください。
そのときも、一度で完璧な時間の使い方にしようとハードルを上げる必要はありません!

はるさんや登場したワーママたちのように、ひとつずつ自分の心地よさを取り入れていくうちに、今のあなたにとって最高の「時間割」ができるはずです。

「時間の使い方=生き方」

今という一瞬一瞬の時間の積み重ねが、自分の人生となっていきます。
本書が、読者の皆さまの「時間をコーディネートする生き方」の実践に、お役に立てたら嬉しいです。
最後に、本書を手に取ってくださった皆さまに感謝を申し上げます。

やりたいことがどんどん叶う!
じぶん時間割の作り方

発行　2024年4月15日　　初版第一刷発行

著　者　川瀬はる

監　修　吉武麻子

発行者　永田勝治

発　行　株式会社オーバーラップ
〒141-0031
東京都品川区西五反田8-1-5

印刷・製本　大日本印刷株式会社

[オーバーラップ　カスタマーサポート]
電話：03-6219-0850
受付時間：10：00 ～ 18：00（土日祝日をのぞく）

ISBN 978-4-8240-0787-2 C0095

はちみつコミックエッセイ制作の裏側が読めちゃう!

【ホームページ】
https://www.over-lap.co.jp/888ce/

PC、スマホからぜひ
はちみつコミックエッセイの
WEBアンケートにご協力ください。

https://over-lap.co.jp/824007872
※サイトへのアクセスの際に発生する通信費等はご負担ください

Staff

ブックデザイン
坂野弘美

DTP
木蔭屋　小川卓也

校正
齋木恵津子

営業

橋本佳奈

神本彩

末吉秀丞

編集

片野智子

白熊史子

編集長
松田紀子